KB194804

우리는 십자가에 달리신
그리스도를 선포한다

어두운 시대에 십자가를 선포한다는 것의 의미

케네스 리치 지음 · 손승우 옮김

WE PREACH CHRIST CRUCIFIED

We Preach Christ Crucified

우리는 십자가에 달리신 그리스도를 선포한다

어두운 시대에 십자가를 선포한다는 것의 의미

케네스 리치 지음 · 손승우 옮김

비아
VIA

| 차례 |

일러두기

· 역자 주석의 경우 *표시를 해 두었습니다.

· 성서의 경우 「공동번역 개정판」(1999)을 사용하는 것을 원칙으로 했으
  나 원문과 지나치게 차이가 있을 경우 대한성서공회판 「새번역」(1999)
  을 참고해 다듬었음을 밝힙니다.

이 책은 성주간 설교들을 바탕으로 1995년 미국에서 처음 출간되었습니다. 10년이 지난 지금도 여전히 판매되고 있으며 최근에는 일본어판도 나왔지요. 제가 쓴 다른 책들과 달리 『우리는 십자가에 달리신 그리스도를 선포한다』는 분량이 짧고, 설교풍을 간직하고 있습니다. 모든 설교는 특정 공동체라는 맥락이 있고, 그 안에서 이루어진다고 믿습니다만, 설교로부터 나온 이 책을 통해 저는 실제 설교와 다르지 않은 방식으로 더 넓은 맥락에서, 더 많은 사람에게 이야기할 수 있게 되었습니다. 제가 쓴 다른 책들에 별다른 매력을 느끼지 못했던 분들도 이 책은 읽었다는 사실이 제게는 인상 깊게 다가옵니다.

오랜 기간, 저는 십자가를 어떻게 선포해야 할지, 그리스도인의 삶과 십자가가 어떠한 연관을 지니고 있다고 해야 할지에 골몰해 왔습니다. 그리스도인의 삶은 결국 예수 그리스도를 입는 것이며, 그분의 죽음과 부활에 온전히 참여하는 것입니다. 설교자는 이를 전해야만 합니다. 그리스도인이라면 대개 그러하듯, 이 진리가 우리의 일상과 실천에 어떠한 의미를 지니는지를 저는 계속 고민하고 있습니다. 많은 분이 이 책을 읽었고, 또 읽고 있으며 여러 서평이 나오고 있는 것도 같은 이유 때문일 것입니다.

책이 나온 뒤 저는 사순절 시기 이 책을 가지고 공부하는 다양한 교회 모임에 참석했습니다. 많은 분이 이 책을 읽고 나서 기도하기 시작했다고 말씀해 주셨고, 한 단락 한 단락을 묵상하며 여러 고민을 나누었다고 말씀해 주셨습니다. 놀라운 일이었습니다. 적잖은 분들이 여섯 장 중 두 장, 곧 3장과 5장(십자가의 정치를 다룬 장, 그리고 신앙의 중심인 '어둠'을 다룬 장)에서 다룬 내용에 당혹감을 느끼셨고, 혼란스러움에 괴로워하셨습니다. 이는 아마도 우리가 십자가의 의미를 개인화, (좋지 않은 의미에서) 영성화했기 때문에, 그리고 부분적으로는 정치 자체가 타락했기 때문입니다. 또한, 교회에서 기쁨, 빛, 확신을 강조하다 보니 의심, 내면에서 일어나는 혼란, '영혼의 어두운 밤'을 신앙생활의 필수 요소로 간주하기보다는 죄와 실패로 간주하는 경향이 있기 때문이겠지요. 신실한 그리스도인이 어둠을 경험해야 한다는 생각을 받아들이지 못하는 것입니다.

또 다른 의미에서 이 책은 저에게 각별한 의미를 지닙니다. 저는 언제나 신학자들이 학계 밖 사람들이 이해할 수 없는 언어로 자기들끼리만 이야기를 주고받는 경향을 우려했습니다. 저는 신학자는 복음의 깊이와 단순함을 전달해야 하며, 이를 위해서는 교회에서 함께하는 삶 가운데, '평범한 사람'들과 정기적으로 접촉해야 한다고 굳게 믿습니다. 시카고에서 활동하는 신학자 데이비드 트레이시David Tracy*는 그 좋은 예입니다. 학계에서는 꽤 난해한 신학자로 평가받지만, 저는 그가 시카고 남쪽에 있는 교회에서 평이한 언어로 심오한 내용을 전하는 광경을 보았고 깊은 감명을 받았습니다. 사람들 사이에 뿌리내리지 않는다면 신학에 미래는 없습니다.

언젠가 아우구스티누스Augustine는 그리스도께서는 "혹독한 시련을 겪는" 이들과 함께하신다고, "우리는 시련을 통해

---

* 데이비드 트레이시(1939~)는 미국의 로마 가톨릭 사제이자 신학자다. 1963년 사제 서품을 받았고 1969년 그레고리오 대학교에서 박사학위를 받은 뒤 미국 가톨릭 대학교를 거쳐 2006년 말 은퇴할 때까지 시카고 대학교 신학대학원의 교수로 활동했다. 다원주의 시대에 신학의 의미에 대해 고민한 대표적인 신학자로 평가받는다. 주요 저서로는 『유비적 상상력』The Analogical Imagination이 있으며 한국에는 『다원성과 모호성』(크리스천헤럴드), 로버트 M. 그랜트와 공저한 『성경 해석의 역사』(알맹e)가 소개된 바 있다.

나아간다"고, 또 "시련을 통하지 않고서는 누구도 자신을 알수 없다"고 말한 적이 있습니다. 정말로 그렇습니다. 십자가는 시련, 망가짐, 부서짐에 관한 이야기입니다. 몇 년 전 저는 런던 부둣가에 있는 '상점 교회'에서 예배를 인도했습니다. 그때 저희는 《예수여, 나를 십자가 가까이 있게 하소서》 Jesus, keep me near the Cross라는 성가를 즐겨 불렀지요. 이 노래의 후렴구는 아래와 같습니다.

십자가 안에서, 십자가 안에서, 나의 영광이 되소서.
기쁨에 찬 내 영혼, 강 너머에서 안식할 때까지.

당시 교회에는 신자들 모두가 마틸다 이모라고 불렀던, 서인도 출신의 한 여성이 있었습니다. 그분은 "기쁨에 찬 내 영혼"my raptured soul이라는 말 대신 "찢긴 내 영혼"my ruptured soul이라고 부르곤 했는데, 그 목소리가 우렁차 회중 전체가 원래 가사 대신 그녀를 따라 불렀지요. 어찌 보면, 마틸다 이모가 옳았습니다. 십자가는 찢김, 단절, 분열을 일으킵니다. 예수의 십자가는 분열의 순간, 혼란의 순간이자 위기, 한계점입니다.

책이 처음 출간된 이후 십자가 선포와 관련해 저에게 중요한 두 가지 일이 있었습니다. 첫 번째 일은 라틴 아메리카를 비롯한 많은 교회에서 시각 예술을 빌려 수난의 여정을 묵상하는 '십자가의 길'Stations of the Cross을 적극적으로 활용하고 있다는 것입니다. 십자가의 길은 인간으로서 고난을 받으신 예수를 따르는 훈련으로, 우리가 그분의 제자가 되는 길을 걸을 수 있도록 돕습니다. 이스트본에 있는 그리스도 교회에 설치된 '십자가의 길'을 만든 화가 비벌리 바Beverley Barr는 이를 해설하며 말했습니다.

> 내가 본 대다수 '십자가의 길' 작품들은 그리스도의 고난을 은은하게 표현했다. 그 작품들에서는 백인인 예수가 쓰러질 때조차 우아한 모습을 하고 있었다. 조금만 치료하면 이내 회복될 듯했다. 나는 그런 식으로 그리지 않았다. 예수의 고난을 누그러뜨리는 것은 실제와 거리가 멀 뿐 아니라 우리에게도 별로 도움이 되지 않는다. 그분이 실제로 고통을 겪었다고 생각하지 않는데, 어떻게 우리가 고통을 겪는 와중에 함께하심을 알아차릴 수 있겠는가?[1]

---

1 Beverley Barr, *Stations of the Cross at Christ Church*, Eastbourne, privately published.

두 번째 일은 설교와 전례뿐만 아니라 사목 현장에서도 십자가의 중요성을 의식하기 시작했다는 것입니다. 이 책을 쓴 뒤 샤론 손턴Sharon Thornton의 놀라운 저작 『망가졌으나 사랑받는 자』Broken Yet Beloved가 나왔습니다.[2] 이 책에서 그녀는 십자가가 목회 신학에 매우 중요하다는 점을 지적하면서 오랜 기간 사람들이 십자가에 대한 고민은 목회, 사목 영역이 아니라 교리의 영역에만 속한다고 여긴 것은 잘못이라고 주장합니다. 저 역시 이러한 잘못된 구분을 거부합니다. 진실로 십자가는 그리스도교 신앙, 삶, 활동, 제자도의 중심입니다. 이 책이 그 점을 분명히 하는 데 도움이 되기를 바랍니다.

2005년 4월

케네스 리치

---

2 Sharon G Thornton, *Broken Yet Beloved: a pastoral theology of the Cross* (St. Louis, Missouri: Chalice Press, 2002).

그리스도교인이든 비그리스도교인이든 그리스도교 신앙의 핵심은 예수의 십자가를 선포하는 데 있다는 것은 누구나 압니다. '예수가 구원한다'는 말 역시 진부한 공식처럼 보일 수 있지만, 그리스도교가 선포하는 내용의 핵심을 담고 있습니다. 여러 연설이나 글에서 '그리스도인'이라는 말은 '순진한 사람'과 동의어처럼 쓰이곤 합니다만, 예수가 구원자라는 진리에 대한 확신이 없다면 그리스도교는 없었으리라는 사실을 우리는 알고 있습니다.

마르틴 루터Martin Luther는 그리스도교 역사에서 가장 위대한 십자가 신학을 펼친 인물입니다. 그는 그리스도교는 오직하나의 메시지, 십자가의 지혜를 선포한다고 힘주어 말했습니다. 누구든 십자가의 고난을 통해 드러난 하느님을 이해하려 하지 않는다면, 그는 신학자라 불릴 자격이 없습니다.

저는 그리스도교의 핵심, 즉 복음이란 그리스도의 죽음과이를 통한 구원이라고 이야기하는 이들이 옳다고 믿습니다.

그리스도와 십자가가 없는 그리스도교는 역사적으로, 신학적으로, 도덕적으로 아무런 의미가 없습니다. 그리스도교에는 다양한 흐름이 있지만, 복음의 선포가 그리스도교의 핵심 활동이라는 데는 이견이 없습니다. '복음주의'Evangelicalism라는 말은 복음, 기쁜 소식을 뜻하는 유앙겔리온εὐαγγέλιον에서 유래했습니다. 제2차 바티칸 공의회 교회에 관한 교의 헌장인 「인류의 빛」Lumen Gentium에서도 사목자의 주된 의무는 복음을 선포하는 것이라고 강조하고 있습니다. 그렇다면 오늘날 십자가에 못 박힌 그리스도를 선포한다는 것은 어떤 의미를 지니고 있을까요?

이 책은 '속죄'atonement에 관한 그리스도교 교리, 즉 그리스도의 죽음과 부활이 우리에게 어떤 영향을 미치는지를 다루는 책은 아닙니다. 대신 이 책은 십자가의 복음을 선포하고, 이를 기도와 성서 연구, 다른 사람들과의 만남과 연관지어 묵상한 책입니다. 저는 어떻게 해서든 십자가에 못 박힌 그리스도를 선포한다는 것의 의미를 붙잡으려 했습니다. 오늘날 교회에서 '복음'을 선포할 때 많은 부분을 생략하고, 복음을 희석하며, 개인주의화하고 있다고 생각했기 때문입니다. 저는 독자들이 기도와 공부로 나아갈 수 있도록 몇 가지 불편한 질문을 제기하려 노력했습니다. 십자가에 못 박힌 그리스도와 우리의 관계는 그분에게 우리가 단순히 수동적으로 복종하는 방식으로만 이루어져 있지 않습니다. 그분과 우리의 관계에는 사랑, 기쁨, 평화뿐만 아니라 고통, 어둠, 분투도 있습니다.

각 장은 수년에 걸쳐 다양한 곳(피카딜리 세인트 제임스 교회, 첼시 세인트 루크 교회, 피터버러 주교좌 성당)에서 행한 성금요일 설교들에 바탕을 두고 있습니다. 설교를 위해 성서를 연구하고, 분투하고, 기도하고, 숙고했습니다만 십자가라는 놀라운 신비를 드러내기에는 불완전하고, 불충분함을 인정합니다.

언젠가 엘리자베스 템플턴Elizabeth Templeton*은 성직 후보생들의 면접 시험에 참여한 적이 있습니다. 한 면접관은 후보생들에게 버스 정류장에서 어떤 사람이 "부활이 무슨 뜻인지 설명 좀 해보시오. 버스가 오리면 3분이 남았으니 그 시간 안에"라고 묻는다면 어떻게 답할지를 물었습니다. 시험이 끝나고 템플턴이 면접관에게 질문의 의도가 무엇인지를

---

* 엘리자베스 템플턴(1945~2015)은 스코틀랜드 출신의 성공회 평신도 신학자다. 글래스고 대학교에서 철학과 영문학, 에든버러 대학교 뉴 칼리지에서 신학을 공부했다. 이후 뉴 칼리지에서 여성으로는 최초로 신학을 가르쳤고, 평신도들에게 신학을 가르치는 드롭인 센터를 열었다. 1990년 람베스 회의의 자료를 제작하는 등 성공회 신학자로도 활발하게 활동했다.

묻자, 면접관은 답했습니다. "저는 누군가는 이렇게 말해주기를 바랐습니다. 정말 그 질문에 대한 답을 원한다면 당신은 버스를 지나쳐야 한다고 말이지요." 십자가의 복음도 마찬가지입니다. 우리를 구원하는 그리스도의 죽음이라는 신비를 짧은 시간에 전하기란 불가능하기 때문입니다. 사순절, 그리고 꼭 그 시기가 아니더라도 이 신비에 더 깊이 들어가고자 하는 분들, 그리스도의 죽음과 부활을 나누고자 하는 분들에게 이 성찰들이 도움이 되기를 바랍니다. 그리스도인이 된다는 건 결국 저 신비에 들어가 다른 이들과 나누는 것이기 때문입니다.

그리스 사람들에게는 어리석은 일

유대 사람은 기적을 요구하고, 그리스 사람은 지혜를 찾으나, 우리는 십자가에 달리신 그리스도를 전합니다. 그리스도가 십자가에 달리셨다는 것은 유대 사람에게는 거리낌이고, 이방 사람에게는 어리석은 일입니다. 그러나 부르심을 받은 사람에게는, 유대 사람에게나 그리스 사람에게나, 이 그리스도는 하느님의 능력이요, 하느님의 지혜입니다. (1고린 1:22~24)

기이한 기억

로마 제국이 유대 지역을 영토로 삼은 이후, 유대 전쟁이 끝나기까지 65년이라는 긴 시간 동안 수많은 사람이 십자가에 매달려 죽었습니다. 오늘날 이들의 이름을 아는 사람은 없습니다. 그들은 거대한 역사 속에 이름 없이 죽은 이들로 남았습니다. 키케로Cicero에 따르면 십자가 처형은 매달린 사람의 이름까지 지워 버린, 가장 비열하고 비인간적인 형벌이었습니다. 그 형벌의 여파로 십자가에 매달린 이들이 자신의 신원을 상실한 일은, 어쩌면 그리 놀라운 일은 아닙니다. 십자가에 매달려 죽은 이의 시체는 독수리나 짐승의 먹이가 되도록 방치할 때가 많았습니다. 그런데 하층 계급, 노예, 범죄자, 반란 선동자들에게 가했던 이 형벌의 자리를 그리스도인들은 구원 활동의 자리로 묵상합니다.

십자가에 못 박혀 죽은 이들 중 오늘날까지 기억되고 있는 인물은 나자렛 예수뿐입니다. 하지만 그리스도인들은 그를 단순히 십자가에 못 박혀 죽은 한 인간으로 기억하지 않습니다. 그리스도인들은 그를 십자가에 못 박힌 하느님으로 기억합니다. 예수의 죽음에 관한 복음서 기록은 고대 문헌 전체를 통틀어 십자가 처형에 관한 가장 길고, 상세한 기록입니다. 예수의 십자가 처형은 고대 세계의 어떤 유사한 사건보다도 풍부한 증거를 갖고 있습니다. 네 편의 복음서에서 예수의 수난(고난)과 죽음에 관한 기록은 가장 큰 부분을 차지합니다. 그리스도교 전통에서는 복음서를 긴 도입부가 있는 수난 서사로 간주하곤 했습니다. 적어도 십자가 처형을 매우 중요한 사건으로 여기는 사람들이 많다는 것은 분명합니다.

예수를 따르는 공동체에서는 문자 그대로의 의미에서 예수를 '기억'remember합니다. 그리고 그런 방식으로 자신이 공동체의 구성원임을 되새깁니다. 매주 그리고 매일, 성찬에 참여함으로써, 말씀을 들음으로써, 그 밖에도 다양한 방식으로 그들은 예수를 기억합니다. 그 모든 일은 예수의 죽음과 부활을 의례의 방식으로 재연하는 데, 기억('아남네시스'ἀνάμνησις)하는 데 초점이 맞춰져 있습니다. 그리스도인들이 정기적으로 그리스도의 "살을 먹고", "피를 마시는" 행위인 성찬은 십자가와 부활의 신비를 가장 극적으로 드러내는 활동, 그 신비가 지금 여기서도 여전히 살아 있음을 드러내는 활동입니다. 이 의례, 혹은 전례liturgy는 모든 그리스도교 사유와 성찰의 바탕을 이루며, 그리스도인의 정체성을 키우고 유지하는 데 핵심 역할을 합니다. 모든 그리스도교 예배의 중심에는 이 말씀이 있습니다.

이것을 행하여, 나를 기억하여라. (루가 22:19)

이는 기이한 행위이며 외부인들에게는 어리석은 행위로 보입니다. 이때 그리스도인들은 단순히 흘러간 옛이야기들을 되풀이하지 않습니다. 그들은 최후의 만찬을 재연하고, 골고다와 천국의 희생을 재현relive하며, 예수 그리스도의 부서진, 영광스러운 몸과의 연대를 통해 자신들의 부서진 몸을 기억한다고 주장합니다. 성찬, 이 "피 흘림 없이 드리는 희생 제사"는 기이하고, 신비로우며, 놀랍고, 불가해합니다. 성찬에서 신비를 없애고 이를 교회 구성원들 간의 식사로 환원하려는 무수한 시도가 있었습니다만, 그때마다 신비는 사라지지 않고 되돌아오곤 했습니다. 성찬의 신비 가운데 우리는 골고다와 부활의 현장에 서게 됩니다. 성찬은 기이한 기억에 뿌리를 둔 기이한 사건입니다.

성찬 기도를 드릴 때 교회에서는 주로 "기억"Remembrance이라는 말을 사용합니다. 사람들은 보통 기억이라 하면 과거, 이미 완결된 사건을 되돌아보는 일을 떠올리지요. 그러나 최근에는 잃어버린 전통과 억압된 역사를 회복하는 기억, 현재의 운동과 투쟁에 자양분을 제공하고 힘을 주는 기억인 공동의 기억corporate memory을 새롭게 강조하고 있습니다. 이런 공동의 기억은 그리스도인의 삶에서 매우 중요한 요소입니다. 기억 없이는 용서도 없고, 과거의 상처와 아픔을 치유할 수도 없습니다. 그리고 용서와 치유는 그리스도인의 핵심 실천입니다. 문제는 우리에게는 기억을 차단하려 하는 경향이 있다는 것입니다. 과거의 상처와 고통을 기억하는 일은 너무 고통스럽기에 우리는 그 기억을 의식에서 지우려 합니다. 때로는 "현재를 위해 살아야 한다"며 이를 정당화하기도 하지요. 하지만 현재를 위해 사는 것은 자칫 우리의 과거라는 현실에 대한 회피가 될 수 있습니다. 그리스도교 공동체는 사랑으로, 의식적으로 이러한 회피에서 벗어나야 합니다. 신앙 공동체 안에서 산다는 것은 기억 공동체 안에서 살아감을 뜻하며 그리스도교 공동체는 (요한 밥티스트 메츠Johann Baptist Metz*의 표현을 빌리면) "그리스도의 수난이라는 위험한 기억"에 의해 형성되기 때문입니다. T.S. 엘리엇T.S.Eliot은 시 《리틀 기딩》Little Gidding에서 "역사가 없는 사람들은 시간에서 구원받지 못한다"고 말한 적이 있습니다. 또한, 그리스도교의 오

---

* 요한 밥티스트 메츠(1928~2019)는 독일의 로마 가톨릭 신학자이자 사제다. 밤베르크, 뮌헨, 인스부르크 대학교에서 신학과 철학을 공부했으며 1954년 사제 서품을 받았고 칼 라너의 지도 아래 박사 학위를 받았다. 이후 뮌스터 대학교에서 기초 신학 교수로 재직하면서 아우슈비츠 이후의 신학을 발전시켰다. 제2차 바티칸 공의회 이후 가장 널리 알려진 독일 신학자 중 한 사람으로 평가받는다. 주요 저서로 『역사와 사회에 대한 믿음』Glaube in Geschichte und Gesellschaft, 『수난의 기억』Memoria Passionis 등이 있으며 한국에는 『그리스도교, 부르주아의 종교인가 민중의 종교인가』(삼인)가 소개된 바 있다.

랜 가르침에 따르면 구원은 하느님께서 몸소 시간 안에, 시간의 포로가 되심으로써 이루어집니다.

과거의 사건들을 "기억"함으로써 현재는 역동성을 얻게 됩니다. 기억은 기억을 중심으로 한 공동체의 구성원을 빚어내며, 그 구성원들을 하나로 묶습니다. 예수의 제자들 사이에서 바로 이런 일이 일어났습니다. 그리스도교 공동체는 매주, 매일 예수의 죽음이라는 신비를 기념하며 그를 기억하는 가운데, 빵을 떼고, 쪼개지고 부서진 빵을 나누는 가운데 '그리스도 안에서 한 몸'을 이룸을 기념합니다. 사도 바울은 성찬 때 나누는 빵을 가리키며, 그리고 교회를 가리키며 '그리스도의 몸'이라는 말을 썼습니다. 이 지속적인 공동의 추모, 혹은 공동의 '기억'은 단순히 과거에 대한 향수가 아닙니다. 예배, 그리고 성찬은 세상의 생명을 위해 부서지시고, 쪼개지신 그리스도의 몸을 다시 모으는 활동입니다. 이 운동은 엄청나게 강력한 힘, 활력을 머금고 있습니다. 그러나 동시에, 우리는 이 운동이 매우 기이하고, 낯설며 터무니없는 일처럼 보인다는 점을 인정해야 합니다. 당시 사람들은 골고다에서 일어난 일을 두고 예수를 그리스도, 메시아로 여기는 '그리스도론'의 종말을 의미한다고, 그러한 운동이 처참하리만치 실패했음을 보여 준다고 생각했습니다. 그러나 그 운동은 여전히 이어지고 있습니다. 십자가에서 그리스도께서는 부서지셨고 망가지셨습니다. 그렇기에 우리가 부서지고 망가질 때, 우리는 그분을 알아볼 수 있습니다. 그리스도는 실패자였습니다. 그렇기에 우리가 실패할 때 우리는 그분을 역사 속 무수한 실패자 중 한 사람이 아닌, 생명과 능력의 원천으로 볼 수 있습니다.

골고다에서 제자들은 끊임없이 실패했습니다. 나중에야, 그들은 엠마오로 가는 길에서, 그 뒤 일어난 일을 통해 십자가 사건, 십자가에 달린 예수의 참된 모습을, 그 생생한 실재를 보았습니다. 베드로의 설교에 제자들의 마음이 찔린 일(사도 2:37)은 예수가 세상을 떠난 뒤 첫 번째 오순절에야 일어났습니다. 십자가에 못 박힌 그리스도의 복음을 전한 결과 그들은 신앙을 갖게 되었고 제자도를 걷게 되었습니다.

이런 일은 지난 수 세기 동안 반복해, 끊임없이 일어났습니다. 우정, 증언, 친구들이 사람들을 그리스도교 신앙으로 이끄는 중요한 요소임은 분명합니다. 하지만 선포된 말씀에는 선포하는 사람의 능력이나 개인의 역량에 얽매이지 않는 힘이 있습니다. 우리는 다양한 방식으로 매일 수 있지만, 하느님의 말씀은 매이지 않습니다.

나는 이 복음 때문에 고난을 당하며, 죄수처럼 매여 있으나, 하느님의 말씀은 매여 있지 않습니다. (2디모 2:9)

말씀에는 해방과 치유의 힘이 있습니다. 이러한 맥락에서 히브리인들에게 보낸 편지의 저자는 말합니다.

하느님의 말씀은 살아 있고 힘이 있어서, 어떤 양날 칼보다도 더 날카롭습니다. 그래서, 사람 속을 꿰뚫어 혼과 영을 갈라내고, 관절과 골수를 갈라놓기까지 하며, 마음에 품은 생각과 의도를 밝혀냅니다. (히브 4:12)

언젠가 침례교 설교자 C.H. 스펄전C. H. Spurgeon은 '왜 당신은 성서를 변론합니까?'라는 물음에 이렇게 답했습니다.

저는 성서를 변론하지 않습니다. 성서는 사자입니다. 성서를 풀어 주면 성서 스스로 자신을 변론합니다.

우리는 우리 자신이나 우리의 말씀씨, 극화하는 능력을 뽐내기 위해서가 아니라 말씀을 자유롭게 하기 위해, 말씀 스스로 (혹은, 하느님께서) "기이한 일"을 할 수 있게 하기 위해 말씀을 선포합니다(이사 28:21 참조).*

하느님의 기이한 일 - 십자가를 통한 생명

예수를 따르던 이들에게 예수는 '깨진 달걀'(*한 번 부서져 되돌릴 수 없는 것)이 아니었습니다. 예수의 부서진 생명은 부활을 통해 다시 회복되었습니다. 그리스도교 공동체의 모든 의식은 바로 이 그리스도를 기억하는 일입니다. 이 의식 가운데 부서지고 망가진 그리스도께서는 다시 살아나십니다. 이 기억하는 일을 통해 우리는 그분의 구성원, 그분의 몸, 그분의 성육신과 수난을 인류 역사로 확장하는 지체가 됩니다. 구원은 바로 이 사회적 경험을 통해 이루어집니다. 구원은 새로운 역사에 참여하는 과정, 새로운 공동체의 일원이 되는 과정을 포함하기 때문입니다. 우리는 홀로 구원받는 것이 아니라 구원받은 공동체, 하느님의 경이로운 활동으로 탄생한 공동체의 일원으로서 구원받습니다. 그리스도인들은 함께 모여, 빵을 떼고 포도주를 나누며, 주님을 기억함으로써 자신들을 참으로 살게 하는 활동에 참여합니다. 이 활동을 통

---

* 주께서 브라심 산에서 일어나신 것 같이 일어나시고 기브온 골짜기에서 진노하신 것 같이 진노하사 자신의 일 곧 기이한 일을 행하시며 자신의 행사 곧 기이한 행사를 이루시리라. (이사 28:21, 제임스 흠정역)

해 1세기 갈릴리와 예루살렘에서 살았던 예수는 지금, 여기에 살아 있는 존재이자 삶의 원천이 됩니다.

그리스도를 기억하는 것, 즉 그의 수난이 인류의 역사 가운데로 들어오는 사건은 인류 역사에서 가장 놀랍고, 가장 당혹스러우면서도, 가장 분명한 특징입니다. 그리스도인은 십자가에 못 박힌 그리스도를 홀로 비극적인 죽음을 맞이한 순교자가 아니라 힘과 은총의 원천, 고통과 고난 가운데 연대가 깊어지게 하시는 분으로 기억합니다. 죽어가는 그리스도를 기억함으로써 그리스도인은 그의 지체, 팔다리와 장기가 됩니다. 달리 말하면, 십자가에 못 박히고 부활하신 분의 몸이 됩니다. 그렇게 그리스도인들은 자신들과 다른 이들에게 오늘을 살아가기 위한 힘과 지혜의 원천으로서 그분에 대한 기억을 다시금 일깨웁니다.

그러므로 그리스도인들은 예수의 수난을 묵상하며 그의 죽음을 단지 지나간 일로 바라보지 않습니다. 오히려 그 죽음을 생명과 자유, 풍요와 갱신의 원천으로 봅니다. 하느님의 자녀들을 계속 짓밟고 망가뜨리는 세상에서, 우리는 짓밟히고 부서진 희생자에게서 우리의 희망, 유일한 희망을 봅니다.

선한 금요일 - 어리석은 이들의 축제

그리스도인들은 그리스도께서 죽음을 맞이하신 날을, '선한 금요일'Good Friday이라는 역설적인 이름으로 부르고 기념합니다. 최근 몇 년 동안은 만우절과 겹치면서 그 역설이 더 강해졌지요. 우연의 일치겠지만, 여기에는 깊은 의미가 담겨 있습니다. '선한 금요일'에 우리는 (디트리히 본회퍼Dietrich Bonhoeffer의 말을 빌리면) "하느님께서 자신을 세상에서 십자가로 내몰아 가셨다"는 사실을 기념합니다. 선한 금요일, 성금요일은 이 하느님의 어리석음을 기억하는 축제입니다. 신약성서에서는 십자가 사건을 어리석은 일로 보고, 이를 선포하는 것도 어리석은 일로 여깁니다. 바울은 말합니다.

십자가의 말씀이 멸망할 자들에게는 어리석은 것이지만, 구원을 받는 사람인 우리에게는 하느님의 능력입니다. 성경에 기록하기를 "내가 지혜로운 자들의 지혜를 멸하고, 총명한 자들의 총명을 폐할 것이다" 하였습니다. 현자가 어디에 있습니까? 학자가 어디에 있습니까? 이 세상의 변론가가 어디에 있습니까? 하느님께서는 이 세상의 지혜를 어리석게 하신 것이 아닙니까? 이 세상은 그 지혜로 하느님을 알지 못하였습니다. 하느님의 지혜가 그렇게 되도록 한 것입니다.

하느님께서는 어리석게 들리는 설교를 통하여 믿는 사람들을 구원하시기를 기뻐하신 것입니다. 유대 사람은 기적을 요구하고, 그리스 사람은 지혜를 찾으나, 우리는 십자가에 달리신 그리스도를 전합니다. 그리스도가 십자가에 달리셨다는 것은 유대 사람에게는 거리낌이고, 이방 사람에게는 어리석은 일입니다. 그러나 부르심을 받은 사람에게는, 유대 사람에게나 그리스 사람에게나, 이 그리스도는 하느님의 능력이요, 하느님의 지혜입니다. 하느님의 어리석음이 사람의 지혜보다 더 지혜롭고, 하느님의 약함이 사람의 강함보다 더 강합니다. (1고린 1:18~25)

이어서 바울은 하느님께서 지혜 있는 이들을 부끄럽게 하시려고 세상의 어리석은 것들을 택하셨다고 말합니다(1고린 1:27). 따라서 이 세상에서 지혜가 있다고 생각하는 이가 진실로 지혜로운 사람이 되기 위해서는 어리석은 사람이 되어야 합니다(1고린 3:18). 바울은 십자가를 모리아산 사건, "어리석은 것"(1고린 1:18), "하느님의 어리석음"(1고린 1:25)으로 묘사합니다. 이 세상의 지혜는 하느님에게 어리석기에, 진정으로 지혜로워지기 위해 우리는 어리석은 사람이 되어야 합니다.

십자가의 길을 걷는 가운데 그 신비를 나누기 위해서는

이 '어리석음'의 중요성을 반드시 이해해야 합니다. 초기 그리스도교와 관련된 고대 유적 중에는 나귀의 머리를 한 예수가 십자가에 달린 낙서가 있습니다. 아마도 바울이 십자가를 어리석은 일로 묘사한 것에서 유래한 심상이겠지요. 그런 눈으로 보면 예수의 삶 전체가 어리석은 일이었다고 할 수 있습니다. 세상의 통념으로는 그의 생애를 이해할 수 없습니다. 사회에서 버림받은 이들과의 연대, 극단적인 요구, 부유하고 독실한 이들과의 논쟁, 그리고 반역자이자 범죄자로서 죽음을 맞이한 일까지 예수의 삶은 모두 어리석은 일이었습니다. 그의 삶은 이치에 맞지 않습니다. 그리스도는 어리석은 사람, 모순의 상징, "하느님의 어리석음"의 상징입니다. 그분의 길을 따르는 이들은 그분의 어리석음을 나누는 이들입니다. 그리스도인들은 "그리스도를 위하여 비보"(1고린 4:10)가 됩니다.

그러한 면에서 정교회 전통(특히 러시아 정교회 전통)에서만 '거룩한 바보'the holy fool의 지위를 인정하고 그리스도를 위한 어리석음을 영성의 필수 요소로 간주하여 이를 살아 낸 이들을 의식을 통해 기리고 존경한다는 건 안타까운 일입니다. '거룩한 바보'로 인정받는 최초의 성인은 6세기 말 세상을 떠난 팔레스타인 수도사 시므온 살로스Simeon Salos입니다. 그는 전례 중에 촛불에 견과류를 던지고 성금요일에 공개적으로 소시지를 먹었습니다. 또 다른 '거룩한 바보' 성 안드레아는 거지 행세를 하고 알몸으로 콘스탄티노폴리스 거리를 돌아다녔습니다. '거룩한 바보'들은 13세기와 14세기 러시아에 다시 등장했습니다. 러시아 정교회의 '거룩한 바보' 중 가장 유명한 사람은 복된 성 바실리Basil the Blesse입니다. 그는 이반 뇌제雷帝, Ivan the Terrible에게 날고기를 먹이기도 했고, 매춘부와 동침했으며, 대중에게 존경받는 이들의 집에 돌을 던지고, 부정직한 상인에게서 물건을 훔쳐다 사람들에게 주었습니다. 바실리 역시 성금요일에 소시지를 먹고 알몸으로 모스크바 거리를 돌아다녔습니다. '거룩한 바보'들은 유목인, 순례자였으며 언제나 미치광이와 같은 모습을 보였습니다. 교회와 사회가 안주할 때면 이들은 나타나 "성문 밖"에서 벌거벗은 채 죽임을 당한 구세주, 사람들의 저주를 받은 그리스도라는 추문을 생생하게 재현했습니다.

서방교회에서 그리스도를 위한 어리석음의 전통을 유지한 곳으로는 시토회를 들 수 있습니다. 생 티에리의 기욤 William of St Thierry은 『신앙의 거울』The Mirror of Faith에서 그리스도의 지혜는 "광기"mad이며 그리스도인은 "거룩한 광기"holy madness로 부름받았다고 말한 바 있습니다. 아씨시 프란치스

코Francis of Assisi도 '새로운 바보'new fool로 불리곤 했지요. 아일
랜드 그리스도교 전통에는 지혜와 통찰력을 지닌 거칠고 기
이한 사람들에 관한 이야기로 가득합니다. 거룩한 바보 전통
은 여전히 살아 있습니다. 만우절이기도 한 1994년 성금요일
칼 카바트Carl Kabat 신부는 노스다코타주에서 광대 복장을 한
채 미니트맨 III 미사일(대륙간탄도미사일)을 망치로 내려쳐 징
역 5년형을 선고받았지요.

동방과 서방을 아우르는, 그리스도를 위해 어리석은 삶
을 살았던 이들에 대한 권위 있는 연구서인『완전한 바보들』
Perfect Fools의 저자 존 사워드John Saward는 '거룩한 바보'들의
특징으로 사회에서 버림받은 이들과의 연대를 꼽았습니다.[1]
거룩한 바보들은 단순한 사회봉사를 하지 않았습니다. 그들
은 이 땅의 비참한 사람들과 자신을 완전히 동일시했습니다.
그들은 거지, 문둥병자, 죄수, 도덕적으로, 정신적으로 버림
받은 이들 곁에 그리스도께서 함께하심을 보았습니다. 기존
사회에 안주하고 있던 이들, 독실하고 경건한 사람들은 그들
의 행동을 견딜 수 없었습니다. 동시에 '거룩한 바보들'은 예
언자 전통에도 속해 있습니다. 그들은 그리스도에게서 멀어

---

[1] John Saward, *Perfect Fools: Folly for Christ's Sake in Catholic and Orthodox Spirituality* (Oxford: Oxford University Press, 1980).

진 이들, 사랑 및 자비와 먼 체제, 악을 질타합니다. '거룩한 바보'들은 모든 시대, 모든 사람이 납득하고 받아들일 만한 종교를 거스르는 '추문'으로, 그러한 종교들을 '모욕'함으로써 성문 밖에서 십자가에 못 박히신 그리스도를 끊임없이 상기시킵니다(히브 13:12).[*]

　그리스도인은 어떤 식으로든 그리스도를 위해 바보가 되라는 부름을 받습니다. 십자가의 말씀은 바보처럼 어리석은 모습을 기꺼이 감내하겠다는 의향과 분리해 이해할 수 없습니다. 우리는 나귀를 타고 예루살렘에 입성해 지극히 어리석은 행동으로 실패한 채 죽음을 맞이한 어리석은 메시아의 제자로, 어리석은 바보로 십자가 앞에 나옵니다. 이 역설을 가리키는 징표가 되기를 멈추고 사회에 순응하도록 사람들을 돕는 접착제가 될 때 그리스도교는 비참하게 몰락합니다. 그때 하느님의 어리석음은 세상의 가치에 대한 항복으로 대체됩니다. 십자가에 기원을 둔 교회가 자신의 본성에 충실하려면 세상의 규범, 고정관념의 노예가 되어서는 안 됩니다. 세상에 순응하는 것은 어리석음, 역설, 모순의 길을 걷는 공동체, 이 세상과 대비를 이루고 이 세상 질서에 반대하는 공동

---

[*]　그러므로 예수께서도 자기의 피로 백성을 거룩하게 하시려고 성문 밖에서 고난을 받으셨습니다. (히브 13:12)

체로서의 교회를 배신하는 것입니다. 우리는 세상에 순응하지 말고 변화를 받아야 합니다.

> 여러분은 이 시대의 풍조를 본받지 말고, 마음을 새롭게 함으로 변화를 받아서, 하느님의 선하시고 기뻐하시고 완전하신 뜻이 무엇인지를 분별하도록 하십시오. (로마 12:2)

교회는 끊임없이 이를 뒤집어서 이해하려는 위험에 처하곤 합니다. 세상에 순응하라는 유혹, 세상의 이치에 맞게 살라는 유혹은 세대마다 다른 형태로 찾아옵니다. 교회는 예수의 이름으로 세상과 그 체제에 위기를 일으키고, 도전하고, 비판하는 대신 지배 문화의 가치와 가정에 순응하라는 유혹을 받습니다(요한 12:31). 십자가 아래시 교회가 추문으로, 걸림돌로 남기 위해서는 순응의 유혹에 저항해야 합니다.

성육신과 수난이라는 추문

그리스도의 구원 활동이 어떻게 이루어지는지를 다룬 수많은 이론이 있지만, 그 어떤 이론도 완벽하지는 않습니다. 어떤 이론도 상징symbol과 성사sacrament로 구현된 신비의 핵심에 다가가지 못합니다. 그리스도가 죽음을 맞이한다는 이야기는 비극적이기도 하고, 희극적이기도 하며, 끔찍하고, 통념의 눈으로 보면 어처구니가 없습니다. 이는 실패와 어리석음을 상징합니다. 하지만 이 어리석음에서 세상의 이성으로 헤아릴 수 없는 힘과 지혜가 나옵니다. 그리스도교가 근본적인 의미에서 비합리적이라는 이야기가 아닙니다. 하지만, 어떤 면에서 그리스도를 믿는 신앙의 발걸음을 내딛기 위해서는 저 어리석음을 따르는 길이 '이치에 맞는' 발걸음임을 믿어야 합니다. 그리고 우리를 끌어당기고, 우리를 변화시키는 그 자리에는 합리성이 아닌 신비가 있습니다. 십자가의 이 낯선 모습으로 우리를 이끄는 것은 생각이 아니라 신앙과 사랑입니다.

그리고 우리는 '누구의 합리성인가?'를 물어야 합니다. 세상 위를 편히 맴도는, 독립적이고 '객관적인' 이성의 기준은 존재하지 않습니다. 합리성은 특정한 전통에서 나와 구현됩니다. 십자가에 못 박힌 그리스도의 힘을 이해하기 위해서는 이와 관련된 특정 전통 안에 서 있는 그리스도인들이 무엇을 믿는지를 기억해야 합니다. 그리스도교 신앙은 십자가 위에서의 죽음과 관련된 말만 나오면 갑자기 미쳐 망상에 빠지는 이들을 위한 합리적인 신념들의 집합체가 아닙니다. 그리스도교 신앙의 핵심에는 말씀이 육신을 입은 사건, 하느님 자신이 작아지신 사건이라는 부조리함이 자리 잡고 있습니다. 한 성탄절 성가에는 이런 가사가 있습니다.

> 오, 경이로운 일 중에서도 경이로운 일,
> 그 누구도 펼칠 수 없었다네.
> 태곳적부터 계신 이가 시간 속으로 들어오셨네.
> 만물을 지으신 이가 지상에서 태어났다네.
> 하느님이 탄생하셨네.
> 천사들이 이 인간을 경배한다네.

이 진리는 너무나 어처구니없고 놀랍기에 사람들은 이를 크리스마스 카드와 아기 침대라는 안전한 세계로 대체해 버리곤 합니다. 그렇게 우리는 우리가 통제할 수 있는 구유에 그리스도를 가둬 둡니다. 이 피터 팬 신학에서 그리스도는 자라나지 않고, 가르치지 않으며, 고난을 받지도 않습니다. 죽지도, 다시 살아나지도 않습니다. 성육신이라는 추문과 신비, 구원의 방향을 회복하지 않는다면 성금요일과 부활절은 아무런 의미가 없을 것입니다. 바울은 그리스도께서 자신을 비워('에케노센'ἐκένωσεν) 종의 모습을 취하셨다고 말합니다. 보통 그리스도교에서는 성육신을 이야기할 때 저 예수의 비움

('케노시스'*κένωσις*)을 언급하곤 합니다. 그러나 바울은 가장 극단적인 형태의 죽음인 십자가를 언급하며 예수께서 "자기를 낮추시고, 죽기까지 순종"(필립 2:7)하셨다고 말합니다.

예수는 "하느님의 모습을 지니셨"던 이로서 십자가형을 감내했습니다. 그래서 그리스도인들은 하느님께서 십자가에 못 박히셨다고, 십자가에 매달린 분은 하느님이었다고 이야기했습니다. 이 증언이 참이라면, 십자가는 우리가 하느님의 존재라는 신비에 매우 가까이 들어서게 해 주는 것이 분명합니다. 그리스도교의 모든 주장은 십자가에 못 박힌 그리스도, 망가진 인간의 땅으로 향하신 이 하느님의 사랑에 초점을 맞춥니다.

십자가에 못 박힌 메시아, 즉 '크리스토스 에스타우로메노스'*Χριστός Εσταυρωμένος*("십자가에 달리신 그리스도"(1고린 1:23))라는 관념은 초기 유대교 신학에는 존재하지 않았습니다. 당시 대다수 사람이 이 이야기를 들으면 어처구니없고 정신 나간 이야기로 여겼을 것입니다. 그러나 그리스도교에서는 우리가 처한 상황이 너무나 어둡고 절망적이기에, 이를 빛과 해방의 상황으로 변혁하기 위해서는 하느님 자신이 직접 이 상황 안으로 들어오셔야 한다고 보았습니다. 그리스도교에서 "우리와 함께하시는 하느님"은 하느님께서 가장 구체적인 방식으로 인류 역사에 들어오신다는 주장을 내포하고 있습니다. 이러한 맥락에서 베들레헴과 골고다, 요람과 십자가는 함께 서 있습니다. 십자가에 매달린 이는 육신이 되신 말씀입니다. 나지안주스의 그레고리우스Gregory of Nazianzus의 말을 빌리면 "우리가 다시 살려면 우리에게는 육신이 되신 하느님, 죽음까지 나아가신 하느님"이 필요합니다. 하느님께서 인간의 육신 가운데 드러나셨다는 복음의 진리가 없다면 그리스도의 수난은 무의미합니다. 그리고 우리의 이성으로는 이 진리를 알 수 없습니다. 이성의 눈에 잡히기에 이 활동은 너무나 대담하고, 너무나 어리석으며, 거룩한 광기로 가득 차 있습니다. 하느님께서 자신을 내어주셨다는 이야기, 스스로 하찮고 작아지셨다는 주장은 너무나 터무니없고 기이한 주장입니다. 그리스도교는 이 낮섦, 하찮음, 작음 속에서 우리가 거룩하신 분을 만나게 된다고 이야기합니다.

조지 허버트George Herbert는 시 《희생》The Sacrifice에서 십자가 사건을 열매를 훔치기 위해 나무에 오르는 소년에 빗대어 묘사함으로써 십자가에 달린 그리스도의 모호함을 드러냅니다.

오, 내 곁을 지나가는 그대들 모두, 보고 또 보라.

열매를 훔치려는 이 인간을.

나는 그 나무에 올라야 한다.

나를 제외한 모든 이를 위한 생명 나무에.

이전에, 지금 내 슬픔과 같은 슬픔이 있었을까.[2]

성육신한 그리스도, 십자가에 못 박힌 그리스도는 부조리, 하느님의 어리석음을 가리키는 영원한 징표, 상식의 세계 한 가운데 있는 모순의 징표로 우리 앞에 매달려 있습니다. 모든 그리스도교 신학, 그리스도인의 모든 기도와 삶은 바로 이 십자가에 못 박히신 하느님이라는 부조리한 신비에 대한 놀라움, 당혹스러움, 경이에서 시작되어야 합니다. 여기서 우리는 우리와 하느님 사이에 놓인 거대한 간극을 하느님 안에 있는 간극으로 경험합니다. 이것이 계시의 핵심입니다.

> 너희는, 인자가 높이 들려 올려질 때에야, "내가 곧 나"라는
> 것을 알게 될 것이다. (요한 8:28)

---

2 이 해석은 문학 비평가 윌리엄 엠슨William Empson이 개진한 바 있습니다. William Empson, *Seven Types of Ambiguity* (London: Penguin Books, 1962), 226~33. 비록 여러 비평가가 엠슨의 해석에 대해 의문을 제기하지만, 저는 그의 해석이 설득력 있다고 생각합니다.

따라서 설교자는 그리스도를 어리석음과 추문의 상징, 모순의 징표로 붙들고 신자들에게 위기, 격동, 격변을 일으켜 그들의 영혼이 구원의 능력인 말씀에 자신을 열도록 해야 합니다. 십자가 사건을 선포할 때 핵심은 역설의 감각을 새기는 데 있습니다. 설교자는 깔끔하고 정교한 설교를 준비하기보다는 기도하며 하느님의 말씀에 찔려 성령의 활동에 자신을 열어야 합니다. 하느님께서 우리를 어떻게 쓰실지는 아무도 모릅니다. 우리의 방식대로 '준비'에 골몰하는 것은 자칫 그분의 활동을 가로막는 일이 될 수 있습니다. 십자가의 복음은 환원주의, 오늘날 과학을 기준 삼아 합리성의 경계선을 그으려는 시도에 맞서 회피할 수 없는 낯섦과 신비에 뿌리내린 앎을 가리킵니다. 사순절이라는 거룩한 시기는 바로 이 앎으로 우리를 부릅니다. 사순절은 시련과 모순을 통해 통찰을 얻고 계시를 받아들이는 시간이 되어야 합니다.

사순절, 시련과 모순의 시간

사순절은 '재'로 표현되는 유한성과 죽음을 기억하면서 시작됩니다. 재의 수요일에 그리스도인들은 흙으로 돌아가는 인간의 징표를 받습니다. 죽음이라는 현실을 부정하는 문화 가운데 이마에 재를 묻힌 어리석은 모습을 함으로써 우리는 우리 자신의 죽음과 마주합니다. 재라는 표식은 우리가 어리석은 존재임을 드러냅니다. 그러나 이 표식은 동시에 십자가에 못 박히고 부활한 그리스도의 십자가를 가리키는 징표이기도 합니다. 그러므로 이 표식은 영광의 표식이라고도 할 수 있습니다. 여기에도 분명한 대조와 모순이 있습니다.

사순절이 시작되면 전례 가운데 우리는 예수가 겪은 유혹을 마주합니다. 그는 황량한 고난과 시련의 장소인 광야로 나아갑니다. 실제 광야뿐만 아니라 이스라엘의 광야 전통으로, 유혹과 시련의 세계, 맛사와 므리바의 세계, 원망과 불신의 세계로 들어갑니다. 예수의 출애굽은 광야에서 시작됩니다. 이 역시 그의 어리석음을 드러냅니다. 이 고전적인 유혹들에 굴복하기란 얼마나 쉬운 일인가요. 광야에서 예수는 울고, 피로를 느끼고, 배고픔을 느끼고, 목말라합니다. 이 유혹들은 하느님에 대한 이해, 자신의 소명과 관련해 예수가 평생 마주했을 뿐 아니라 그리스도를 따르는 제자들도 끊임없이 마주한 유혹들을 압축해 보여 주고 있습니다.

우선, 돌을 빵으로 바꾸려는 유혹이 있었습니다. 예수께서는 경제를 주무를 수 있는 권력을 쟁취하려는, 식량과 물질의 공급에 대한 수요를 충족시키는 공급자의 길을 택하려는 유혹과 마주하셨습니다. 그 길을 택한다면, 사람들은 그분을 위대한 공급자로 여기고 그분에게 의지하겠지요. 하지만 이에 맞서 예수께서는 인간은 빵으로만 살지 않으며 하느님의 말씀으로 산다고 힘주어 말씀하셨습니다. 그다음에는 성전 꼭대기에서 일부러 떨어진 다음, 기적을 행해 자신이 영적 권력을 쥐고 있음을 주장하라는, 영적 자원을 활용해 사람들의 지지를 받고, 헌신을 끌어내고, 그들을 조종하는, 기적을 행하는 이가 되라는 유혹이 있었습니다. 이에 예수께서는 영성이란 하느님을 시험하는 것이 아니라 우리의 동기를 시험하는 것이라고 주장하셨습니다. 마지막으로 예수께서는 우상을 숭배하고 권력을 쟁취하라는 유혹에 맞서십니다. 그분은 독재자가 되실 수 있었습니다. 하지만 그 대신 그분은 초월적인 하느님의 절대 주권을 주장하십니다.

모든 유혹은 권력을 얻고, 힘을 과시하라는 내용으로 이루어져 있습니다. 예수께서는 이를 간파하시고 그 권력과 힘을 홀로 소유하기를 거부하셨습니다. 대신 그 힘을 공동체, 그리스도를 만방에 퍼뜨리는 공동체, 풍요의 원천, 기적의 현장, 정치적 힘이 될 공동체에 주셨습니다. 실제로 교회는 짧은 시간 사이에 영적 양식과 물질적인 양식의 창고가 되었고, 거대하고 경이로운 기적이 일어나는 현장이 되었으며, 로마 제국의 권력을 무너뜨리는 전복 세력이 되었습니다. 예수께서는 돌을 빵으로 만드는 대신 세상에 빵을 공급하는 성찬의 공동체를 세우셨습니다. 기적을 행하고 힘을 과시하는 대신 영적인 힘을 지닌 공동체를 세우셨습니다. 독재와 제국을 추구하는 대신, 평등과 나눔이라는 가치에 헌신하는 공동체를 세우셔서 이 세상의 권력 구조를 전복하고 변혁하는 힘으로 활동하셨습니다.

이러한 유혹들은 오늘날에도 여전히 시시각각 우리에게 다가옵니다. 교회는 오랜 시간에 걸쳐 물질의 창고, 도움이 필요한 이들에게 의식주를 제공하고 도움을 주는 중심지였습니다. 다양한 그리스도교 공동체가 초기 교회의 코이노니아, 혹은 공동생활을 회복하려 노력했습니다. 분명, 교회는 물질을 공급하는 역할을 진지하게 받아들여야 합니다. 하지만 교회는 "사람이 살아가는 데 빵이 중요하다"는 사실과 사람이 "빵만으로는 살 수 없다"는 원리를 모두 인식하고 있어야 합니다. 특히 시장이 주도하는 자본주의가 세계를 지배하는 현 상황에서 교회는 빵과 정의, 평등을 분리하려는 위험, 교회를 무료 급식 활동을 하는 단체, 일종의 복지 단체로 보는 위험(이는 소비주의의 이면이라 할 수 있습니다)을 경계해야 합니다. 빵을 먼저 제공한 다음 정의에 대한 헌신을 추가할 수는 없습니다. 빵만 제공하면 소유에 골몰하는 개인주의 문화와 결탁하는 교회가 될 수 있습니다. 언젠가 러시아 철학자 니콜라이 베르댜예프Nikolai Berdyaev*는 말했습니다.

> 나를 위한 빵은 물질의 문제이지만, 이웃을 위한 빵은 영적인 문제다.[3]

교회는 세상이라는 왕국의 유혹에 쉬이 휘말릴 수 있습니다. 그들의 모습을 닮아 제국이, 즉 권력 집단이 되기 쉽습니다. 교회의 제도 형태는 복음이 아닌 세속의 위계질서와 관료제를 닮기 쉽습니다. 우리는 진리보다 권력과 안정을 더 중요시할 수 있습니다. 권력을 우선시하고 교회가 그 자체로 목

---

* 니콜라이 베르댜예프(1874~1948)는 러시아의 사상가다. 키이우에서 태어나 키이우 대학교에서 공부했으나 마르크스주의 운동에 가담해 대학교에서 쫓겨났다. 머지않아 마르크스주의를 비판하면서, 그리스도교를 기반으로 한 사상을 발전시켜 나갔고 1920년 모스크바 대학교의 교수로 초빙되었으나 이내 소비에트 정권에 의해 러시아에서 추방되었다. 이후 베를린과 파리에서 종교철학 아카데미를 설립해 활발한 강연 및 저술 활동을 벌였다. 인격과 자유에 관한 다양한 종교철학 저서를 펴냈으며 20세기 중요한 러시아 정교회 사상가 중 한 사람으로 평가받는다. 주요 저서로 『노예냐 자유냐』(늘봄), 『현대 세계의 인간 운명』(지만지), 『도스토옙스키의 세계관』(한국외국어대학교출판부) 등이 있다.

3 Nicolas Berdyaev, *The Fate of Man in the Modern World* (London: SCM Press, 1935), 124. 『현대 세계의 인간 운명』(지만지).

적이 될 때, 교회는 일종의 전체주의에 빠지게 됩니다. 또한, 거짓 신을 숭배하라는 유혹도 시시각각 우리를 찾아옵니다. 사순절은 우상 숭배로 이어지는 우리의 잘못된 의식을 되돌아보고, 면밀하게 조사하는 시기입니다. 재의 흔적은 종교 권력과 정치 권력이 결합해 십자가에 못 박은 하느님, 그 하느님의 어리석음과 낮아짐, 그러한 하느님을 향한 신앙으로의 부름을 우리에게 상기시킵니다.

하느님의 어리석음

하느님이 십자가에 못 박히셨다는 이야기는 가장 비범하고 경이로운 진리이거나 가장 기괴한 신성모독입니다. 시드니 카터가 "십자가에 못 박아야 할 이는 당신과 내가 아니라 하느님이야"라는 후렴구가 있는 노래 《금요일 아침》Friday Morning을 썼을 때 BBC는 반종교적이라는 이유로 이 노래를 외면했습니다. 《금요일 아침》은 예수와 함께 십자가에 못 박힌 도적 중 한 사람이 하는 말로 이루어져 있습니다.

금요일 아침.
그들이 나를 감방에서 데리고 나왔네.
그리고 나는 그들이 목수를 끌고 나오는 모습을 보았어.

나처럼 십자가에 못 박힐 목수를.

빌라도 탓을 할 수 있겠지.
유대인들을 탓할 수도 있고.
악마를 탓할 수도 있을 거야.
하지만 나는 하느님을 비난해.

나무에 매달린 목수에게 말했지.
"십자가에 못 박아야 할 이는 당신과 내가 아니라 하느님
이야."

노래는 이렇게 마무리됩니다.

"야훼와 함께 지옥으로!"
나는 목수에게 말했지.
차라리 목수가 대신 세상을 만들었더라면.

'거룩한 바보'의 노래, 모순의 노래이지요. 하지만 이 노래는
일상의 언어로 십자가에 못 박힌 하느님에 관한 신학을 표현
합니다. 성금요일, 만우절에, 그리스도께서는 바보로, 저주

받은 이로, 우리를 위해 죄를 뒤집어쓰고 죽음을 맞이하셨습니다. 실로 놀라운 일입니다. 그리스도를 위해 어리석게 된 이들만이 감히 성금요일을 '선한 날', 좋은 날이라고 말할 수 있습니다.

그리스도교의 선포와 증언은 명백한 부조리, 하느님의 어리석음, 십자가의 어리석음에 뿌리를 두고 있습니다. 복음 선포는 특정한 도덕 규범이나 신학 명제에 대한 절제되고 합리적인 설명이 아닙니다. 오히려 복음 선포는 십자가에 못 박힌 예수를 구세주이자 정복자로 들어 올리는 선언입니다. 복음 선포의 힘은 복음의 역설과 분리될 수 없습니다. 십자가라는 추문, 우리를 불편하게 하고, 뒤흔들고, 공격하는 성격을 제거하거나 축소해서는 안 됩니다. 현재 우리의 이해 수준에 걸맞게 설명하려 해서도 안 됩니다. 마찬가지로, 신앙의 길에 헌신하는 그리스도인에게는 평온함과 예측 불가능성이, 안정과 놀라움이 기이하고도 매력적인 조합을 이루고 있습니다. 그리스도께서 그리하셨듯 참된 그리스도인의 모습 또한 역설입니다. 그리스도인의 삶은 쉽게 예상할 수 있는 일들에 갇히지 않으며 언제나 낯선 것, 예상치 못한 것에 열려 있습니다. 어리석은 사람이 단조로운 삶에 균열을 내듯, 하느님의 은총은 기이한 방식으로, 낯선 방식으로 움직여 세상에 균열을 내고, 세상을 전복합니다. 이러한 맥락에서 마틴 루터 킹Martin Luther King 목사는 그리스도인을 "창조적인 사회부적응자", 변혁적인 비순응주의자로 묘사했습니다. 그리스도를 위해 세상이 내세우는 지혜에 창조적으로 부적응하는 거룩한 바보로서 그리스도인은 십자가에 못 박힌 이의 어리석음에 우리의 온전함이 있음을 알고, 그의 어리석음을 굳게 붙잡습니다.

그의 상처를 통해 우리는 치유되었다

그분이 상처를 입으신 덕택으로

여러분의 상처는 나았습니다. (1베드 2:24)[1]

현실은 끔찍하고, 때때로 견딜 수 없을 정도로 고통스럽습니다. 이처럼 고통스러운 현실은 모든 종교적 신념의 핵심부를 건드리지요. 종교는 아편, 강력한 진통제라는 칼 마르

---

1 다음 구절과 비교해 보십시오. "그를 찌른 것은 우리의 반역죄요, 그를 으스러뜨린 것은 우리의 악행이었다. 그 몸에 채찍을 맞음으로 우리를 성하게 해주었고 그 몸에 상처를 입음으로 우리의 병을 고쳐주었구나." (이사 53:5)

크스Karl Marx의 말이 옳다면, 종교는 일정한 역할을 감당하고 있는 것 같습니다. 고통을 없애주거나 견딜 수 있게 하는 역할 말이지요. 그러나 현실의 고통을 잊게 하거나, 감소시켜 주는 것이 종교의 유일한 역할은 아닙니다. 때로는 신자들이 고통을 견디도록, 고통을 감내하도록 힘을 더하기도 하지요. 때로는 고통을 끝내도록, 고통의 뿌리까지 들어가 그 원인을 제거하도록 영감과 활력을 주기도 합니다. 어떤 때는 고통의 기원과 목적을 설명하려 노력하기도 하지요. 하지만 여기서 종교는 언제나 실패합니다.

그리스도의 죽음이라는 경험, 그리고 이를 표현하는 설교는 이와 관련하여 아무것도 설명해 주지 않습니다. 다만 교회는 하느님께서 고통으로 가득한 세상에 기어이 들어오셔서 그 고통을 당신의 것으로 받아들이셨다고, 이를 통해 그분께서는 고통과 죽음 자체가 완전히 사라진 세상을 이루기 위해 고통을 변모시키신다고, 고통이 고통과 싸울 동력이자 치유의 계기가 되는 새로운 장을 창조하신다고 선포할 뿐입니다. 그리스도의 죽음에 대한 선포에는 (이디스 시트웰Edith Sitwell의 표현을 빌리면) "모든 상처를 가슴에 품고" 고통받는 그리스도, 상처 입은 그리스도에 우리가 모두, 이를 선포하는 이라면 더더욱, 참여해야 한다는 의미가 담겨 있습니다. 이러한 참여가 없다면, 설교자는 커다란 곤경에 처하게 될 위험이, 곧 고통받는 이를 모욕하고 고통을 하찮게 여기는 그릇된 정복감에 빠질 위험이 있습니다. 그리스도의 고난에 참여하지 않은 경솔한 선언은 청중이 쉽게 알아차리고 거부하기 마련입니다. 이러한 위험에 빠지지 않기 위해 설교자는 최선을 다해 예수 그리스도와 깊이 연대해야 하며, 그분이 보이신 연민을 닮아야 합니다. 그리고 그분이 말씀하신 사람들의 고통 속으로 들어가야 합니다. 기도와 돌봄에서 분리된 채 전하는 설교에서, 예수 그리스도와 연대하는 사건은 일어날 수 없으며 그분의 연민을 닮을 수도 없습니다.

사람들이 십자가에 관한 그럴싸하지만 진부한 설명을 눈치채듯, 효과적이고 힘 있는 복음의 선포 또한 눈에 띄기 마련입니다. 설교자가 기도를 바탕으로, 개인의 영역에서나 사회의 영역에서나 고통스러운 세상이라는 현실에 들어가려 할 때, 그리고 그러한 와중에 복음을 선포할 때 사람들은 이에 주목합니다. 그것이 십자가 사건의 전부는 아니라 할지라도, 그리스도께서 상처를 입으심으로써 우리가 치유 받았음을, 하느님께서 세상을 치유하기 위해 육신을 입으시고 고통받으셨다는 진리를 감지하기 때문입니다. 그리고 이 진리야말로 우리가 평생 씨름해야 할 진리입니다. 설교자는 청중이 이 진리와 만나게 해야 하며, 이 만남이 설교의 동기이자 활력이 되어야 합니다. 이 진리와 우리를 만나지 못하게 하는 설교는 실패할 수밖에 없습니다.

이디스 시트웰 - '아직도 비가 내린다'

이디스 시트웰의 시 《아직도 비가 내린다》Still Falls The Rain 는 그리스도께서 겪으신 고통의 우주적 성격을 분명하게 보여 줍니다.[2] 남아프리카 나탈에 있는 피터마리츠버그 대성당에는 코벤트리 대성당 신자들이 헌정한 철제 못 십자가가 있습니다. 그리고 이 십자가를 둘러싸고 이 시의 구절들이 쓰여 있지요. 1940년 독일군의 영국 공습을 배경으로 쓴 시지만, 이 시에서 이야기하는 바는 오늘날 자행되고 있는 폭력과도 연결됩니다. 시트웰은 십자가를 하느님의 고통, 1940년 공습의 고통, 수천 개의 못이 박히는 고통을 드러내는 상징으로 그립니다. 시트웰은 노래합니다.

십자가에는 1,940개의 못이 박혀 있다.

---

2 Edith Sitwell, *Collected Poems* (London : Sinclair-Stevenson, 1993), 272~3.

십자가에 매달린 굶주린 남자의 발치에 빗방울이 계속 떨어지고 있고, 그의 옆구리에서는 피가 흘러내립니다.

그는 자신의 마음에 모든 상처를 품는다.

시가 절정에 이르렀을 때 시트웰은 우리가 나무에 못 박은 이가 세상의 불을 품고 있는 모습, 하늘에서 그리스도의 피가 흐르는 모습을 봅니다. 모든 혼란과 폭력 가운데 그녀는 노래합니다.

아직도 나는 너를 사랑한다.
아직도 너를 위해 순수한 나의 빛, 나의 피를 흘린다.

이로써 불의 비, 땅의 비는 하느님의 은총과 구원의 비, 사랑의 비로 바뀝니다.

그리스도께서는 자신의 마음에 모든 상처를 품으십니다. 이것이야말로 그리스도교가 전하는, 비범하고도 어리석은 주장입니다. 리처드 제프리스Richard Jefferies의 소설 『베비스』Bevis에서 한 인물은 외칩니다.

정말 신이 그곳에 있었다면, 그들이 그런 일을 하게 내버려
두지 않을 것이야.

하지만 그리스도교가 선포하는 복음은 하느님께서 그곳에
계셨다는 믿음, 그분이 고통과 아픔의 중심에 계셨다는 믿
음, 거기서 생긴 상처들이 하느님의 상처들이라는 믿음에 의
지합니다. 하느님께서는 예수 그리스도의 상처로 우리를 치
유하십니다.

아픔과 고통에 대한 왜곡된 접근

커다란 아픔과 고통을 겪어본 적 없는 사람이라 해도 '고
통에는 구원하는 능력이 있다'고 이야기하는 게 어려운 일은
아닙니다. 하지만 아픔과 고통을 겪는다고 해서 반드시 성취
와 성숙, 주님의 뜻에 대한 기쁨 어린 순종으로 이어지지도
않지요. 종교를 가진 많은 사람이 고통을 감내하며 병적인
강박과 우울에 시달리지만, 이는 건강한 일이 아니며 우리의
해방을 가로막을 뿐입니다. 우리는 그것을 '희생'이라고 (잘
못) 부르며 자기를 높이지만, 그러한 생각은 결국에는 자기
를 파괴할 때가 너무도 많습니다. 이는 더 넓은 의미에서 피
해의식, 또한 희생양 증후군scapegoat syndrome입니다. 십자가에

근거해 자기희생을 강조하는 신학은 자기희생을 강요받는 삶을 살아온 사람에게는 큰 피해를 안길 수 있습니다. 그런 사람들에게 이 같은 신학은 자신이 희생해야 한다는 생각, 그러한 방식의 자기 혐오를 강화할 수 있습니다.

언젠가 다른 사람을 위해 기꺼이 자신을 희생하겠다고 자주 말하던 한 신자분을 기억합니다. 그녀는 이를 삶의 목표로 삼았을 뿐 아니라, 그럴 만한 상처도 갖고 있었지요. 그녀는 자녀들을 위해 모든 것을 희생했고, 그 결과 자녀들은 그녀와 최대한 멀리 떨어져 지냈습니다. 그녀의 얼굴에는 웃음기가 거의 없었고, 그녀의 하루는 한숨과 자포자기, 피로를 동반한 체념으로 가득했습니다. 어떤 것에도 관심을 기울이지 않았고, 자리에 앉기만 해도 죄책감을 느꼈습니다. 그녀의 자기희생은 강박을 낳는 종교, 매혹적이면서도 까다로운 종교였습니다. 그녀의 지친 삶은 다른 사람들에게도 전염되었습니다. 어떤 사람은 그녀를 두고 말했습니다. "그분은 분명 다른 사람에게 좋은 일을 합니다. 하지만 다른 사람을 마치 사냥감 보듯 바라보더군요."

십자가에 대해 설교할 때면 언제나 '나'를 지워 버려야 한다고 말했던 성직자도 기억이 납니다. '나'를 지워 버려야 한다고 끊임없이 이야기하자 회중은 이내 지쳐 버렸지요. 성직자는 자신이 말한 바대로 자신을 완전히 지워 버렸지만, 그런 만큼 그의 개성도 없는 것 같았습니다. 그의 설교는 언제나 우울하고 음산했습니다. 그 설교가 제시하는 십자가는 힘과 성취의 원천이 아니라 쇠약해지고 상처 입은 영혼의 병적인 집착이었습니다. 이렇게 뒤틀린 종교는 많은 문제를 지니고 있습니다. 무엇보다, 이는 십자가를, 그리고 고통에 대한 그리스도교적 응답을 심각하게 왜곡하는 것입니다. 자기희생에 대한 왜곡된 생각은 기쁨으로 하느님을 섬기는 가운데 해방을 일으키는 대신 비인간화된 사람, 자기 정체성이 없는 사람, 자신을 부정적으로 바라보며 무언가에 쫓기는 사람, 자기 파괴에 빠진 사람을 만들어 냅니다.

이러한 종교의 피학적인 요소와 연관되어 있으면서도 결이 다른, 하지만 마찬가지로 인간을 파괴로 내몰아 가는 것이 또 하나 있습니다. 바로 죄책감에서 시작해 우울증으로 마무리되는 경향입니다. 이러한 경향은 인간을 아무것도 하지 못하게 만듭니다. 죄와 억압에 대한 죄책감이 너무나 큰 나머지 그 짐의 무게에 짓눌려, 해결할 수 없는 세상의 고통에 짓눌려 어떤 일도 못 하게 되는 것이지요. 죄책에 갇혀버린 종교는 인간을 자유롭게 하기는커녕 마비 상태를 강화합니다. 이는 단순히 개인의 차원에서만 일어나지 않습니다.

사회의 차원에서도 죄책감과 슬픔이 과도하면 공동체는 마비되고 삶을 변화시키거나 재건하려는 움직임은 일어날 수 없게 됩니다.

물론, 고통은 아픔에 대한 창조적인 반응일 수도 있습니다. 우리는 종종 깊은 상처를 입은 이들에게서 성숙한 모습, 거룩한 면모를 엿봅니다. 그들의 상처를 통해 우리는 치유됩니다. 자신의 상처와 그 상처를 통해 치유의 도구가 되는 이들을 우리는 '상처 입은 치유자'the wounded healer라고 부릅니다. 저도 커다란 아픔을 감내한 이들, 그리하여 자신의 상처를 초월해 다른 사람에게 위로와 힘을 주는 놀라운 능력을 지닌 이들을 만난 적이 있습니다. 프랑스의 위대한 영성가 앙리 위벨랭Henri Huvelin은 광기에 가까운 상태, 자살 충동을 느낄 만큼 극심한 외로움에 시달리곤 했습니다. 이러한 내면의 혼란 속에서 그는 다른 이들을 신앙의 길로 인도하거나 신자들의 신앙을 성장시켰지요. 하느님께서는 우리의 연약함과 상처를 들어 쓰셔서 다른 사람들이 치유받게 하십니다. 개인과 공동체를 향해 십자가는 이야기합니다. 하느님께서 죄책감을 없애시고 상처 입은 그리스도와 연대하게 하심으로써 변화를 위해 행동할 수 있게끔 우리를 자유롭게 하셨다고 말이지요. 예수 그리스도만이 유일한 희생양이십니다. 더 이상

의 희생자는 필요하지 않습니다. 주님께서는 단 한 번('에파팍
스'ἐφάπαξ) 죽으셨습니다.

그분이 죽으신 것은 죄의 지배를 끝장내려고 단 한 번 죽으
신 것입니다. (로마 6:10)

그는 다른 대제사장들처럼 날마다 먼저 자기 죄를 위하여
희생제물을 드리고, 그 다음에 백성을 위하여 희생제물을
드릴 필요가 없습니다. 그는 자기 자신을 바쳐서 단 한 번
에 이 일을 이루셨기 때문입니다. (히브 7:27)

그리스도께서는 이미 일어난 좋은 일을 주관하시는 대제사
장으로 오셔서 손으로 만들지 않은 장막, 다시 말하면, 이
피조물에 속하지 않은 더 크고 더 완전한 장막을 통과하여
단 한 번에 지성소에 들어가셨습니다. 그는 염소나 송아지
의 피로써가 아니라, 자기의 피로써, 우리에게 영원한 구원
을 이루셨습니다. (히브 9:12)

1992년 암으로 세상을 떠난 오드리 로드Audre Lorde는 고통pain
과 괴로움suffering을 구분해 많은 사람에게 도움을 준 바 있습

니다. 그녀에 따르면 고통은 사건이자 경험이며, 우리는 어떤 식으로든 이를 인식하고 명명하고 활용해야 합니다. 그래야만 그 경험은 무언가 다른 것, 즉 힘이나 앎이나 행동으로 바뀔 수 있습니다. 이와 달리 괴로움은 인식하지 못한 고통, 소화되지 않은 고통이 되살아나는 일종의 악몽입니다. 고통을 인식하지 못한 채 살아갈 때 사람들은 그 고통을 통해 얻을 수 있는 힘, 고통을 넘어서는 운동을 촉진하는 힘을 박탈당합니다. 그래서 가까이에 있는 무언가가 고통을 촉발할 때마다 그 고통이 반복되도록 자신을 정죄하지요. 로드는 이를 벗어날 수 없는 괴로움의 순환이라고 말합니다.[3]

고통이든 괴로움이든 그 자체로는 어떠한 고귀함도, 구원의 요소도 지니고 있지 않습니다. 자신과 피조물의 해방을 위한 분투(로마인들에게 보낸 편지 8장), 그리고 "권세들"(에페소인들에게 보낸 편지 6장)에 대항하는 영적 전쟁이라는 틀 안에서만 고통은 구원 활동의 일부라고 말할 수 있습니다. 신학자 로버트 슈라이터Robert Schreiter는 '정통'orthodoxy(올바른 믿음, 혹은 올바른 영광)과 '정행'orthopraxis(올바른 행동)에 관한 모든 이야기 가운데 우리는 '올바른 고난'orthopathema, 고통을 올바르

---

3   Audre Lorde, *Sister Outsider* (New York: Crossings Press, 1984), 171. 『시스터 아웃사이더』(후마니타스).

게 받아들이는 방식을 익혀야 한다고 이야기한 바 있습니다. 우리는 이를 진지하게 받아들여야 합니다.

참된 그리스도교 신앙은 병적인 것이나 피학증이 아니며, 고통과 괴로움 그 자체를 목적으로 삼지 않습니다. 참된 신앙은 우리를 희생자로 보게 하지 않으며, 그리스도를 우리의 희생자로 보게 합니다. 그리스도인이 고통을 마주할 때 이는 지극히 현실적입니다. 그리스도인은 끔찍한 고통의 현실을 직시하면서도 이를 넘어서야 하는 이유를 깨닫습니다. 십자가에 못 박히신 하느님을 우리가 달려야 할 길을 앞서 가신 분(히브 12:2), 우리가 해야 할 투쟁의 지도자로 선포하는 것은 매우 중요합니다.

하느님의 고난

고통을 설명하려고만 하는 신앙, 사람들이 고통을 나누는 데 도움이 되지 못하는 신앙, 고통이라는 파괴적인 공포를 극복하는 데 힘이 되지 않는 신앙은 피상적인 믿음에 불과합니다. 그러한 믿음은 우리를 깊은 고뇌의 길, 황폐함을 겪는 길로 인도하지 않습니다. 위기를 마주했을 때 그러한 믿음은 결핍을 일으키며, 무너질 수밖에 없습니다. 언젠가 본회퍼는 "고난받는 하느님만이 우리를 도우실 수 있다"고 말했습니다. 신학자 위르겐 몰트만Jürgen Moltmann은 수용소에서 돌아와 삶의 위기를 이해할 수 있도록 도와주는 하느님을 찾았습니다. 결국 그는 20세기 가장 중요한 신학 서적 중 하나인 『십자가에 달리신 하느님』The Crucified God을 썼습니다.[4] 많은 사람이 십자가에 못 박힌 그리스도에 대한 신앙이 없다면 삶은 무의미하며, 그 잔인함과 고통은 견딜 수도, 설명할 수도 없을 것이라고 말합니다. 십자가는 사람들에게 말을 건네고 영감을 주며, 그들을 위로하고 변화시킵니다. 무슨 일이 일어나고 있는지를 그들이 이해하지 못할 때도 말입니다. 병들고 가난한 무수한 이들이 십자가에 못 박힌 그리스도에서 삶과 희망의 원천을 찾았습니다.

그러므로 그리스도교 공동체의 핵심 사명은 십자가에 못 박힌 하느님을 전하는 것입니다. 이는 근본적으로 해명이 아니라 선포입니다. 그리스도교는 하느님의 마음 안에서 고통의 치유가 이루어짐을, 그렇기에 이 과정은 고통에 대한 승리의 씨앗을 품고 있음을 선포합니다. 그리스도교는 고통이나 감정과 무관한 신, 저 멀리 있으며 인격적이지 않은 '철학

---

4 Jürgen Moltmann, *The Crucified God: The Cross of Christ As the Foundation and Criticism of Christian Theology* (London: SCM Press, 1974). 『십자가에 달리신 하나님』(대한기독교서회).

자의 신'을 거부합니다. 같은 맥락에서 그리스도교는 세상의 고통을 치유할 수 없다는 생각과 믿음을 거부합니다. 골고다 언덕에 십자가가 세워지기 전에, 이미 하느님의 마음에는 십자가가 있었습니다.[5] 십자가가 진정으로 우리를 구원하는 힘이 있으려면, 하느님의 본성 안에 십자가가 있어야 합니다. 하느님이 그런 분, 즉 수난을 감내하시고, 고난받는 하느님이라면 십자가에서 고난을 받으실 수밖에 없습니다.

당시 대다수 유대인은 메시아를 염원했으나 고난받는 메시아를 바라지는 않았습니다. 그리스도교 이전에 메시아의 고난에 대해 분명히 말한 유대교 자료는 없습니다. 물론 마카베오서에는 순교는 구원의 가치가 있다는 생각이 담겨 있고, 엘르아잘을 동포를 구하기 위해 목숨을 바친 사람으로 묘사합니다(1마카 6:44). 그러나 이사야서 52~53장에 나오는

---

5 이러한 생각을 처음 제시한 이는 호레이스 부쉬넬Horace Bushnell로 보입니다. 다음의 책을 참조하십시오. Horace Bushnell, *The Vicarious Sacrifice: Grounded in principles of universal obligation* (New York: C. Scribner & co., 1886), 35~6. 이후 P.T.포사이스는 이 생각을 더 과감하게 밀고갔습니다. P.T.Forsyth, *The Person and Place of Jesus Christ* (London: Hodder & Stoughton, 1909). 물론 그 전에 F.D.모리스F.D.Maurice도 이와 유사한 생각을 선보인 바 있습니다. F.D.Maurice, *The Doctrine of Sacrifice* (Cambridge: Macmillan, 1854). 그가 개진한, 신성 가운데 이루어지는 희생의 바탕에 대해서는 다음을 참조하십시오. A.M.Ramsey, *F. D. Maurice and the Conflicts of Modern Theology* (Cambridge: Cambridge University Press, 1951), 65.

'고난받는 종' 외에 그리스도교 사상과 가까운 사상은 발견되지 않습니다. 그리고 여기서 고난을 받는 이는 하느님 자신이 아니라 주님의 종입니다.

고난받는 하느님을 말하는 데는 상당한 위험이 따릅니다. 자칫하면 이 말은 고난을 미화하는 데, 고난과 고통이 나쁘다는 사실을 덮는 데, 하느님께서 고난과 고통을 반대하시고 그 고난을 끝내기 위해 분투하신다는 사실을 도외시하는 데, 그분은 고난을 받고 죽기까지 괴로워하는 예수를 버리지 않으셨으며 늘 지지하셨다는 사실을 잊는 데 이용될 수 있습니다. 우리는 이러한 경향을 경계해야 합니다. 십자가에 달리신 하느님은 고통 가운데 계신 하느님, 고난 가운데 계신 하느님, 고난받는 하느님을 뜻합니다. 고난받는 하느님만이 우리를 도울 수 있습니다.

중세부터 오늘날에 이르기까지 교회는 인간 예수의 몸이 입은 상처들, 고뇌, 번민, 고통을 강조했습니다. 클레르보의 베르나르두스Bernard de Clairvaux는 아가서를 주석하며 그리스도께서 입으신 상처에 하느님의 넘치는 자비가 담겨 있다고 이야기했지요. 물론 십자가에 대한 이해는 종종 피로 가득하고 엉망진창인 면모를 보일 때도 있었습니다. 중세 그리스도교의 예수의 인성에 대한 관심은 성심Sacred Heart과 보혈

Precious Blood에 대한 신심으로 이어지기도 했지요. 14세기 초에 만들어진 성가 《그리스도의 영혼》Anima Christi에는 이런 기도가 들어 있습니다.

당신의 상처 속에 나를 숨기소서.

이런 영성은 좋지 않은 의미에서의 체념, 그리고 삶의 문제를 회피하려는 욕구를 부추겼습니다. 많은 성가에 이러한 욕망이 반영되어 있지요.

예수여, 제게 이를 허락하소서. 기도합니다.
당신의 가슴에 영원히 머물게 하소서.
당신의 가슴에, 그리고
당신의 상처 입은 몸에.

만세 반석 나를 위해 열리니
당신 안에서 숨게 하소서.

예수, 내 영혼의 연인이시어.
나를 당신 품으로 날아가게 하소서.

오, 나의 구세주여. 나를 숨겨 주소서.

인생의 폭풍이 지나갈 때까지 나를 숨겨 주소서.

물론 주님께 위로받으려는 마음을 섣불리 비난하거나 조롱
해서는 안 됩니다. 이런 성가들에는 보혈과 예수께서 이루신
바를 신뢰하고 불필요한 고통에 휘말려 들어서는 안 된다는
중요한 진리가 담겨 있습니다. 그분은 우리의 짐을 없애기
위해 오셨습니다. 그렇기에 설교자 역시 사람들이 자신들의
짐을 덜어내 자유로워지도록 도와야 합니다.

하느님께서는 모든 상처를 마음에 품고 계십니다. 우리의
절망적인 상황, 어두운 상황이 치유의 자리로 변화되려면 하
느님께서 그곳으로 들어오셔야 합니다. 그리스도교는 이를
선포하고, 그 이상의 메시지를 선포합니다. 교회는 하느님께
서 상처 입은 그리스도의 인격 안에 계셨을 뿐 아니라 그분
의 상처가 우리의 상처이며, 그분이 우리를 대표해 고난받았
고, 죽었다고 이야기합니다. 따라서 그분의 고통은 우리의
고통이고, 우리의 고통은 그분의 고통입니다. 바울은 이를
압축해 놀라운 주장을 펼칩니다.

나는 그리스도와 함께 십자가에 못 박혔습니다. 이제 살고

있는 것은 내가 아닙니다. 그리스도께서 내 안에서 살고 계십니다. 내가 지금 육신 안에서 살고 있는 삶은, 나를 사랑하셔서 나를 위하여 자기 몸을 내어주신 하느님의 아들을 믿는 믿음 안에서 살아가는 것입니다. (갈라 2:20)

나는 내 몸에 예수의 상처 자국을 지고 다닙니다. (갈라 6:17)

예수께서 십자가 처형을 당하는 일을 우리가 본받아야 한다는 이야기가 아닙니다. 그런 식으로 그리스도를 본받는 것은 신약성서의 중심 주제가 아닙니다. 신약성서의 중심 주제는 그리스도 안에서('엔 크리스토'ἐν Χριστῷ) 연대가 이루어진다는 것입니다. 그리스도께서는 당신의 십자가를 반복하도록 우리를 부르시지 않았습니다. 그분은 우리의 참된 정체성이자, 영원한 말씀이며, 우리 모두를 밝히 비추는 빛이십니다. 그리고 그러한 면에서 예수 그리스도의 십자가는 우리의 십자가입니다.

두 명의 현대 그리스도교 저술가는 사목 차원에서, 그리고 신앙생활의 차원에서 고난받는 하느님의 중요성을 이야기한 적이 있습니다. 우선 캐나다 신학자 더글라스 존 홀Douglas

John Hall*은 말했습니다.

도시 밖 교회들에서 모욕당하고, 슬퍼하고, 버림받은 그리
스도를 만날 수 있을 때까지, 우리는 북미 대륙과 유럽의 도
시들이 (우리 자신의 가난을 포함해) 수백만의 가난한 이들에게
가하는 모욕과 슬픔, 그리고 그들을 버리고 있다는 현실을
직면할 수 없을 것이다. 또한, 이 사회가 '나' 밖에서 적을 찾
게 만드는 영혼의 병과 맞서 싸우는 일도 일어나지 않을 것
이다.[6]

비슷한 맥락에서 가르멜회 수도사 윌리엄 맥나마라William
McNamara**는 경고했습니다.

---

* 더글라스 존 홀Douglas John Hall(1928~)은 캐나다 출신의 조직신학자다.
   웨스턴 대학교를 거쳐 뉴욕 유니온 신학교에서 목회학석사, 신학석
   사, 신학박사 학위를 받았다. 이후 오랜 기간 맥길 대학교의 교수가
   되었으며 현재 맥길 대학교 명예교수로 활동하고 있다. 캐나다를 대
   표하는 개신교 신학자이자 상황 신학 분야에 커다란 공헌을 남긴 조
   직신학자로 평가받는다. 주요 저서로 『신앙을 생각하기』Thinking the
   Faith, 『신앙을 공언하기』Professing the Faith, 『신앙을 고백하기』Confessing the
   Faith 등이 있으며 한국에는 『그리스도교를 다시 묻다』(비아)가 소개된
   바 있다.

6 Douglas John Hall, *Lighten Our Darkness: towards an indigenous theology of the
   Cross* (Philadelphia: Westminster Press, 1976), 140~41.

** 윌리엄 맥나마라(1926~2015)는 미국의 로마 가톨릭 사제이자 가르멜회

고난받는 하느님을 이해하고, 그분에게 동화되기 전까지 우리는 하느님과 기쁨으로 뜨거운 사랑을 나누지 않을 것이며, 이 세상에서 참된 기도의 삶을 살지도 않을 것이다.[7]

수도사다. 13세에 가르멜회에 입회하고 1951년 사제 서품을 받았다. 로마 가톨릭 교회 내에서 전례 갱신 및 다양한 영성 센터와 기관 설립에 참여했으며 교회 일치 운동에도 힘썼다. 수도 생활, 현대 사회에서 그리스도교 영성의 의미, 현대 사회 비평과 관련된 다양한 글을 썼다. 주요 저서로 『인간의 모험』The Human Adventure, 『그리스도교 신비주의』 Christian Mysticism, 『땅의 신비주의』Earthy Mysticism, 『인간이 되는 기술』The Art of Being Human 등이 있다.

[7] William McNamara, OCD, *Mystical Passion: spirituality for a bored society* (New York: Paulist Press, 1977), 25. 십자가에 못 박히시고 고통받으시는 하느님이라는 생각이 아주 새로운 생각은 아닙니다. 안티오키아의 이그나티우스Ignatius of Antioch는 "나의 하느님의 수난", 그리고 "하느님의 피"라는 표현을 쓴 바 있습니다. 알렉산드리아의 키릴루스Cyril of Alexandria, 나지안주스의 그레고리우스도 이와 비슷한 표현을 썼지요. 6세기 아르메니아 신학자 무적의 다비트David the Invincible는 '하느님의 십자가'와 '십자가에 못 박히신 하느님'이라는 표현을 썼습니다. 베다Bede의 경우 『시간의 이치에 관하여』De Tempore Ratione 66장에서 "티베리우스 황제 18년에 하느님께서 몸소 수난을 받으셔서 세상을 구원하셨다"라고 기록했습니다. 이후 마르틴 루터는 "하느님의 수난", "하느님의 피", "하느님의 죽음"과 같은 표현을 썼으며 20세기에 들어서는 칼 바르트 Karl Barth, 윌리엄 템플William Temple, 위르겐 몰트만이 이런 표현을 썼습니다. 다음의 시집에서는 이와 관련된 감동적인 시를 엿볼 수 있습니다. G. A. Studdert Kennedy, *The Unutterable Beauty* (Hodder & Stoughton, 1930). 신학자 혼 소브리노Jon Sobrino는 "하느님 자신이 십자가에 못 박히셨다"고 말한 바 있으며, 에버하르트 용엘Eberhard Jüngel 역시 유사한 말을 남긴 적이 있습니다. 이와 관련해서는 다음의 책을 참조하십시오. Jon Sobrino, *Christology at the Crossroads* (Maryknoll: Orbis, 1978), 224~5. Eberhard Jüngel, *The Doctrine of the Trinity* (Grand Rapids: Eerdmans, 1976), 83~8.

74 | 우리는 십자가에 달리신 그리스도를 선포한다

홀은 사회의식의 측면에서, 맥마나라는 개인 신앙의 측면에서 보지만, 결국 하는 이야기는 같습니다. 십자가에 못 박힌 그리스도를 통해 상처 입고 고난받는 하느님과 역동적으로, 깊이 만나지 못한다면 우리는 결코 참된 풍요를 누리지 못할 것입니다.

연대와 변모

이 만남이 이루어지면, 이는 그 자체로 전도의 수단이 됩니다. 그리스도와 함께 죽고, 그리스도와 함께 감추어진, 그리스도를 통해 변모된 이들보다 그리스도에게로 가는 확실한 길은 없습니다(골로 3:3 참조).* 하느님의 능력은 고난 가운데, 골고다에서, 그리고 "질그릇"인 인간의 삶에서 나타납니다. 그러므로 고난이 반드시 압살, 절망으로 이어지지는 않습니다. 한 사람이 압살당했다는 사실이 우리가 멸망한다는 의미는 아닙니다. 혼란 가운데서도 그리스도인으로서 우리가 희망을 품을 수 있는 건 우리가 예수의 죽음을 우리 몸에 짊어지고 다니고, 이를 통해 예수의 생명이 드러나기 때문입니다. 우리 안에서 일어나는 죽음은 다른 이들 안에서 생명

---

* 여러분은 이미 죽었고, 여러분의 생명은 그리스도와 함께 하느님 안에 감추어져 있습니다. (골로 3:3)

을 낳습니다.

> 우리는 언제나 예수의 죽임 당하심을 우리 몸에 짊어지고
> 다닙니다. 그것은 예수의 생명도 또한 우리 몸에 나타나게
> 하기 위함입니다. 우리는 살아 있으나, 예수로 말미암아 늘
> 몸을 죽음에 내어 맡깁니다. 그것은 예수의 생명도 또한 우
> 리의 죽을 육신에 나타나게 하기 위함입니다. (2고린 4:10~11)

그러므로 그리스도의 십자가는 극심한 고통 앞에서 체념
하는 길로도, 피학증에 몰두하는 길로도 우리를 부르지 않습
니다. 그리스도의 십자가는 고통과 죽음에 맞선 그리스도와
연대하라고, 세상의 모든 곳에서 상하고 멍든 채 발견되는
상처 입은 그리스도를 섬기라고 우리를 부릅니다. 이 가운데
베들레헴, 골고다의 구체적인 의미가 드러납니다. 그리고 깊
은 차원에서 두 곳은 관련이 있다는 사실 또한 드러납니다.
두 곳 모두 구체적이고 역사적인 장소이며, 하느님의 선택을
받은 '의미 있는 장소'이자 구원의 장소들입니다. 베들레헴
은 이웃에게 방을 내어주지 않는 모든 곳, 골고다는 잔인함
과 억압이 일어나는 모든 곳을 가리킵니다.

너희가 여기 내 형제자매 가운데, 지극히 보잘것없는 사람 하나에게 한 것이 곧 내게 한 것이다. (마태 25:40)

이제 우리가 사순절 동안 고난에 초점을 맞추어 그리스도의 변모를 기억하는 이유를 알 수 있을 것입니다(실제로 영국 정교회에서는 사순절 기간에 변모 대축일을 기념하지요). 사순절 둘째 주일, 교회에서는 공관복음에 나오는 그리스도의 변모에 관한 이야기를 읽습니다. 아브라함의 이야기, 바울이 필립비인들에게 한 이야기와 연결해 이 세상은 순례의 장소이며 우리의 참된 본향은 하늘에 있음을 되새기지요. 그렇게, 우리는 우리 몸을 그분의 영광스러운 몸으로 변화시킬 구세주를 기다립니다.

형제자매 여러분, 다 함께 나를 본받으십시오. 여러분이 우리를 본보기로 삼은 것과 같이, 우리를 본받아서 사는 사람들을 눈여겨보십시오. 내가 여러분에게 여러 번 말하였고, 지금도 눈물을 흘리면서 말하지만, 그리스도의 십자가의 원수로 살아가는 사람이 많이 있습니다. 그들의 마지막은 멸망입니다. 그들은 배를 자기네의 하느님으로 삼고, 자기네의 수치를 영광으로 삼고, 땅의 것만을 생각합니다. 그러나 우리의 시민권은 하늘에 있습니다. 그곳으로부터 우리는 구주로 오실 주 예수 그리스도를 기다리고 있습니다. 그분은 만물을 복종시킬 수 있는 권능으로, 우리의 비천한 몸을 변화시키셔서, 자기의 영광스러운 몸과 같은 모습이 되게 하실 것입니다. 그러므로 사랑하고 사모하는 나의 형제자매 여러분, 나의 기쁨이요 나의 면류관인 사랑하는 여러분, 이와 같이 주님 안에 굳건히 서 계십시오. (필립 3:17~4:1)

변모 이야기는 예수에 관한 메시지이면서 동시에 우리 모두를 향한 메시지입니다. 이때 예수께서는 당신이 어떤 분이신지를 알리십니다. 이러한 맥락에서 삶은 우리의 참된 정체와 영광을 향한 우리의 잠재성을 발견하는 과정이라 할 수 있습니다. 바울은 우리의 외적 본성은 낡아가나, 우리의 내적 본성은 날로 새로워진다고 말합니다.

우리의 겉사람은 낡아가나, 우리의 속사람은 날로 새로워집니다. (2고린 4:16)

그리스도의 얼굴을 통해 나타난 하느님의 영광에 주목할 때, 우리는 모든 사람에게 있는 잠재된 영광을, 그만큼 망가지고 부서진 영광을 보게 됩니다.

이디스 시트웰 – '추위의 노래'

토머스 머튼Thomas Merton은 "방이 없음", 혹은 "자리 없음"을 종말, 인간 공동체의 종말, 사회의 종말, 돌봄과 자비의 종말을 가리키는 징표로 보았습니다. 종말의 시간은 "자리가 없는" 시간입니다. 이러한 맥락에서 베들레헴의 여관은 온 세상이 되고, 이 "쓸모없는 여관" 같은 세상에서 가난하고, 상처받고, 망가진 이들은 변두리로, 가장자리로 내몰립니다. 그들은 하찮은 존재, 실패자, 인간도 아닌 존재가 됩니다. 그들은 거부의 낙인, 상처 입은 그리스도의 낙인을 지니게 됩니다.

오늘날 점점 더 잔인해지고 긍휼이 사라지는 문화를 보며 우리는 깊이 슬퍼하고, 또 두려워합니다. 사람들은 이를 경멸의 문화, 원칙 없는 사회라고 표현하기도 하지요. 전쟁이라는 폭력 가운데 재현되는 그리스도의 상처를 인상적으로 묘사한 이디스 시트웰의 시 《추위의 노래》The Song of the Cold가 있습니다. 부자와 나자로 이야기에서 영감을 받은 이 시에서 그녀는 세상이라는 길가에 내몰린 모든 이, 가난하고 망가진 사람들, 그리고 자신의 지위와 부를 방패 삼아 그리

스도를 보지 않는 이들에 대한 심판을 그려내 상처 입은 그리스도의 정체를 깨닫게 합니다.[8]

이 시에서 부자와 나자로는 도시에 있는 "두 대립하는 형제애"를 상징합니다. "세상의 밤과 마음의 타락한 밤"은 우리를 분리시킵니다. 사람들은 집도 없이 "허기진 마음으로" 도시의 거리를 정처 없이 떠돌아다니고, 많은 이가 추위로 죽어갑니다. 하지만 밤은 부자와 나자로의 차이를 지우고 둘을 만나게 합니다. 시는 이웃에 대한 연민과 만남의 회복을 촉구하는 절박한 기도로 마무리됩니다.

추위로, 인간의 마음에 자리한 궁극적인 추위로
죽어가는 이들을 위해 울게 하소서.

시 《가인의 그림자》The Shadow of Cain에서 시트웰은 이 사회에 대한 심판을 그립니다. 여기서도 배경은 한때는 인간에게 따뜻한 피가 흐르고 있던 "추위의 시대"the epoch of the Cold입니다. 가난한 이들을 치유하는 가운데 "하느님의 아들이 모든 밭에" 심깁니다. 다시 한번, 나자로가 세상의 밤을 가리키는

---

8   Edith Sitwell, *Collected Poems*, 292~6.

상징으로 등장하고, 정죄 받은 이들, 불쌍한 이들, 무서운 이들, 사랑이 없는 이들이 그에게 옵니다. 그런 다음에는 금으로 된 상처들로 뒤덮인 부자가 등장합니다. 이 저주받은 사회에는 따뜻함도, 불도 남아 있지 않습니다. 이러한 가운데 상처 입은 이들은 가인보다 더 크게 울부짖습니다. 시트웰은 경고합니다.

> ... 사람들이었던 재들이 심판의 날에 다시 일어나
> 우리를 향한 불이 될 것이다.[9]

빈부 격차가 심화되고, 궁핍한 정신 아래 날로 완악해지고 있는 정치 풍토를 고려하면 이 시는 오늘날 더 큰 울림을 줍니다. 젊은이들이 더 많은 죽음을 맞이하는 오늘날, 죽음이라는 고통은 더 끔찍하게 다가옵니다. 정치 지도자들의 발언을 들어 보면 우리의 의식이 분열되고 있음을, 인간관계가 붕괴하고 있음을 분명하게 알 수 있습니다. 시트웰이 노래한 대로 우리 사회 문화에는 타인을 향한 연민이 사라졌습니다. 온기도 없습니다. 《추위의 노래》는 이런 시대를 명징하

---

9 위의 책, 370~76.

게 드러내는 노래라 해도 과언은 아닙니다.

저는 지난 25년 동안 런던 소호 지역에서 집 없는 청년들을 위한 쉼터를 운영해 왔습니다. 영국, 그리고 북미권에서는 제가 이 활동을 시작한 이래 거리로 내몰리는 청년들, 정신질환을 앓고 있는 이들, 문자 그대로 추위에 죽어 가는 이들의 수가 크게 늘었습니다. 끔찍한 변화입니다. 더 심각한 문제는 많은 사람이 이런 상황에 순응한다는 것입니다. 이러한 현실에 무감각해진 이들이 너무나 많습니다. 열정이 사라졌고, 정당한 분노가 사라졌고, 변화를 위한 원동력이 사라졌습니다. 이제 사람들은 더는 상처 입은 그리스도를 십자가에 매달지 않습니다. 대신, 사람들은 그를 무시하거나, 통계 수치 중 하나로 간주하거나, 다수에게 불쾌한 느낌을 안겨준다고 판단되면 내쫓아 버립니다. 수년 전 스튜더트 케네디Studdert Kennedy는 말했습니다.

예수께서 버밍엄에 오셨을 때
그들은 그분을 그냥 지나쳤다.
그들은 그분의 머리카락 하나 건드리지 않았다.

대신 그분이 죽게 내버려 두었다.[10]

도처에서 사람들은 '영성'spirituality을 말합니다. 하지만 이때 영성은 시중에 판매되는 또 하나의 상품에 불과합니다. 이 영성에는 시트웰의 고뇌가 담긴 글, 십자가에 못 박힌 하느님에 관한 영성에서는 너무나 중요한 위치를 차지하는 슬픔, 분투, 분노, 열정이 없습니다. 오늘날 대다수 영성에 관한 논의들은 가난, 고통, 버림받음에 대한 상상력을 결여하고 있습니다. 그러한 면에서 이 영성들은 분투를 멈춘 영성이며, 그리스도 안에 있기를 멈춘 영성입니다. 그렇기에 개인화된 영성이 무수히 쏟아지는 현상과 무수한 사람이 추위로 죽어가는 일이 동시에 일어나는 것이지요.

이 낯선 복음, 분투를 요구하는 복음의 부름을 따르기 위해서는 고통받는 타인들에게서, 세상에서 망가지고 짓밟힌 이들에게서 상처 입은 그리스도의 모습을 보아야 합니다. 그래야만 우리는 복음의 본성을 헤아릴 수 있습니다. 복음은 그리스도를 따르고자 하는 이들에게 자비를 몸으로 이루라고 요구합니다. 복음은 주린 이에게 먹을 것을 주고, 헐벗은

---

10 G. A. Studdert Kennedy, *The Unutterable Beauty*, 24.

이들에게 입을 것을 주고, 집 없는 가난한 이를 보호하고, 불의의 족쇄를 끊고, 목마른 이에게 마실 것을 주고, 병든 이를 돌보아 주고, 죽은 이를 땅에 묻어 줄 것을 요구합니다. 복음은 그리스도의 더러운 수건을 걸치고 그의 발을, 피투성이가 되었고, 상처 입고, 피로로 가득 찬 발을 씻는 길로 우리를 부릅니다. 고대 예루살렘뿐만 아니라 맨체스터와 런던, 시카고와 보스턴, 산티아고와 요하네스버그에, 이 지상에 있는 도시 뒷골목 어딘가에서 우리는 그리스도의 발, 상처 입은 손과 옆구리, 상한 가슴을 발견할 수 있습니다. 그분의 자매와 형제들이 짓밟히고 망가져 아무 가치 없는 이로 추방당한 곳 어디서든, 우리는 그분을 발견할 수 있습니다.

사회적 십자가

예수께서 겪으신 고난의 사회적 의미는 각 세대가 흘리는 피와 눈물, 각 세대의 고뇌 속에서 드러나야 합니다. 모든 교회와 그리스도인의 분투, 각 교회와 그리스도인이 겪는 당혹스러움, 고통 속에서 드러나야 합니다. 런던에서, 수많은 도시에서, 수많은 이가 그리스도에게 입히는 상처, 그들의 잔인함, 폭력 속에서 드러나야 합니다. 이 모든 고통 가운데 그리스도께서 감내하신 수난의 자리는 어디입니까? 우리는 어떻게 응답해야 합니까? 그러한 면에서 예수 그리스도의 마지막 시간을 묵상하는 '십자가의 길'이 정의를 위해 투쟁하는 라틴 아메리카 교회에서 완전히 새로운 의미를 갖게 되었다는 사실은 그리 놀라운 일이 아닙니다. 기도와 자비라는 단순한 행동은 '추위의 시대'에 새로운 의미를 얻습니다. 폭력을 제도화한 현실, 한 사람의 가치를 등한시하는 시대에서 자비의 실천은 전복적인 행동입니다. 자비란 아래에서, 베들레헴과 골고다의 관점에서 사회를 바라보는 것을 의미합니다. 자비란 가장 멸시받는 이들이 겪는 고통을 하느님의 고난으로 보는 것입니다.

> 범죄자 그리스도, 광인狂人 그리스도, 술 중독자, 부랑자 그리스도, 이 모든 표현은 어떠한 조건 없이 하느님과 희생자를 동일시한다는 의미를 내포하고 있다.[11]

그리스도인의 모든 예배, 모든 참된 신학은 십자가에서, 하느님께서 지금 고난받고 계신 곳에서, 고통이 있는 곳에서 시작됩니다. 그곳에서 우리는 그리스도의 얼굴을 알아볼 수

---

11 Rowan Williams, *Resurrection: interpreting the Easter gospel* (London: Darton, Longman & Todd, 1982), 18.

있습니다. 쉴라 캐시디Sheila Cassidy는 말합니다.

> 우리는 그가 어떻게 생겼는지 충분히 잘 알고 있다. 절망스
> 러운 상황에 놓인 쿠르드족 사람처럼, 혹은 슬라브인처럼
> 그는 맨발로 산길을 비틀거리며 간다. 피로에 찌든 그의 어
> 깨는 구부러져 있고, 눈물이 계속 흘러 앞이 보이지 않는다.
> 그는 어제 길거리에서 내가 지나쳤던 젊은이, 잡종 개를 안
> 고 길바닥에 앉아 절망과 공허함과 고통으로 얼굴이 일그러
> 진 소년을 닮았다. 우리는 그가 어떻게 생겼는지 알고 있다.
> 우리는 지금, 여기서 고통받는 그를 위로하는 법을 배워야
> 한다.[12]

지금, 여기에 있는 그리스도를 알아보기 위해서는 설교와 행
동이 밀접하게 연결되어야 합니다. 그러한 면에서 설교를 듣
기 위해 모인 교인들이 '사회적 행동'을 하지 않는 교회는 건
강하지 않은, 위험한 상태라 할 수 있습니다. 선포(케리그마
κήρυγμα)와 섬김(디아코니아διακονία)이 밀접하게 연결되지 않는
다면 문제는 피할 수 없습니다. 토머스 트라헌Thomas Traherne

---

12 Sheila Cassidy, *Light from the Dark Valley* (London: Darton, Longman & Todd,
1994), 64.

의 표현을 빌리면, 우리의 신학과 사회에 대한 헌신이 기도 안에서 만날 때 우리는 진정으로 이렇게 말할 수 있습니다.

오, 그리스도시여.

저는 모든 이의 눈에서 당신의 가시 십자가를 봅니다.

모든 영혼에서 벌거벗은 채 피 흘리는,

상처 입은 당신의 몸을 봅니다.

모든 기억에 당신의 죽음이 살아 있습니다.

십자가에 못 박힌 당신의 인격은

모든 고통에 영원히 간직되어 있고,

당신의 못 박힌 발은 모든 이의 눈물에 씻깁니다.

제가 가진 특권은 그런 당신과 함께,

모든 영혼에 들어가는 것입니다.

III

이 세상에 속하지 않은 나라

내 나라는 이 세상 것이 아니다. (요한 18:36)

예수의 배경

예수의 삶과 배경을 이해하지 않고는 그의 죽음을 이해할
수 없습니다. 그가 태어난 당시 팔레스타인 지방은 이중으로
사람들을 착취하는 체제 아래 있었습니다. 로마 제국이 세금
으로 경제를 통제하고 관리들을 통해 정치를 통제했다면, 팔
레스타인 국가는 성전을 통해 십일조와 여러 기금의 형태로
사람들에게 돈을 요구하며 사람들을 통제했지요. 예수는 유
대인들이 살던 지역 중에서도 사회적으로 보나, 정치적으로
보나 가장 골칫거리 지역이었던 갈릴리에서 태어났습니다.

문자상 '갈릴리'는 '지역'을 의미하며 요르단 강 너머 지역("이방 사람이 살고 있는 지역(갈릴리)"(이사 9:1))을 가리키는 말로 쓰였습니다. 하지만 당시 사람들에게 '갈릴리'는 그 이상의 의미를 지니고 있었지요. 사람들은 '갈릴리'라는 말을 들으면 갈릴리 사람 유다와 같은 여러 반란자를 떠올렸습니다. 갈릴리에서는 로마 제국을 방해하는 여러 운동이 일어났습니다. 게릴라전, 민족주의에 입각한 봉기의 중심지였던 것이지요. 기원후 30년부터 70년까지 갈릴리에서는 무수한 반란이 일어났기에, 어떤 사람이 갈릴리 출신이라는 사실 자체만으로도 사람들은 그를 범죄 용의자로 간주했습니다. 빌라도는 갈릴리 반란자들의 피를 희생제물에 섞어 바치기도 했지요(루가 13:1). 여러 성가에서 "안식일에는 갈릴리에서 쉬소서. 오, 평온한 저 너머 언덕들에서"라고 부르지만, 실제 예수가 활동했을 당시 갈릴리 지역은 쉴 수 없는 곳, 평온하지 않은 곳이었습니다. 어린 시절 그는 나자렛에서 멀지 않은 곳에 있는 세포리스가 파괴되고 사람들이 죽는 광경을 보았을지 모릅니다.

예수는 이러한 배경 가운데 태어났습니다. 그는 인두세를 걷기 위해 인구 조사를 실시하는 상황 가운데 태어났습니다. 갈릴리 인구의 90%는 농민이었습니다. 복음서에 따르면, 바로 이 억압받던 농민들이 예수의 말씀을 듣는 사람들이었지요. 이들에게 세금은 삶의 중심에 있던 문제였고 이 때문에 사제 귀족 계층과 갈등을 빚기도 했습니다. 기원후 66년 반란군이 성전에서 부채 기록을 불태운 사실은 이를 잘 보여줍니다. 높은 실업률로 인해 사람들은 끝없이 일자리를 찾아야 했습니다. 그리고 헤로데가 무고한 아이들을 학살한 것과 같은 폭력적인 사태가 시시때때로 일어났지요.

예수라는 '변두리 유대인'은 바로 이런 소외가 끝없이 일어나는 상황, 격변과 반란으로 어지러운 상황 가운데 나타났습니다.[1] 제국의 통치, 가혹한 세금, 누적되는 부채, 파산, 강제 이주, 봉기를 배경으로 그는 하느님 나라를 선포했습니다.

> 요한이 잡힌 뒤에, 예수께서 갈릴리에 오셔서, 하느님 나라의 복음을 선포하셨다. (마르 1:14)

다시 한번 이야기하지만, 예수에게는 배경과 기반이, 여러

---

[1] John P. Meier, *A Marginal Jew: rethinking the historical Jesus*, Vol. 1 (New York: Doubleday, 1992). 또한, 다음을 참조하십시오. Burton L. Mack, *A Myth of Innocence: Mark and Christian origins* (Philadelphia: Fortress Press, 1988).

배경과 기반이 있었습니다. 갈릴리라는 구체적인 지역과 로마의 압제에 대한 저항 운동이 있었습니다. 그리고 진보적인 바리사이주의, 존경할 만한 믿음을 추구하는 이들, 거룩한 민족, 국가를 위한 운동(영국 국교회가 가장 좋은 모습일 때 이런 모습을 보이곤 하지요)이 공기처럼 그의 곁을 맴돌고 있었습니다. 사람들은 그를 '랍비'라고 불렀고, 그는 청중에게 "율법의 더 중요한 요소"(마태 23:23)를 상기시켰습니다. 예수가 가장 강한 도전을 던진 집단, 전면에서 맞선 집단 역시 이 바리사이파였습니다. 자신을 따르는 이들이 언제든 바리사이주의로 회귀할 가능성이 높음을 알았기 때문입니다(실제로 그랬고, 지금도 그러고 있습니다). 예수는 이런 '진보적인' 종교 문화에 맞서서 격렬하고 타협하지 않는 언어를 사용했습니다. 그리고 사도들, 신실한 여성들로 이루어진 '무리'를 세웠습니다. 그렇게 예수에게 훈련받는, 예수를 통해 철저해지는, 다가올 시대의 힘을 받은 이들, 빼앗긴 이들의 문화가 형성되었습니다. 이때 다가올 시대의 힘이란 단순히 어떤 장밋빛 미래에 대한 전망이 아니라 지금, 여기서 살아 움직이는 힘이었습니다. 그리고 구원이란 지금 **빵**을 얻고 빚을 탕감받는 것이었습니다.

어부들, 열심당 지지자들, 다양한 하층민이 예수에게 몰

려들었고, 예수는 이 문제 많은 지역을 돌아다니며 사람들을 가르치고, 치유하고, 자유를 주었습니다. 마르코복음서 도입부는 예수가 치유하고, 귀신을 쫓아내고, 나병 환자를 깨끗하게 하고, 죄를 용서하는 장면을 전합니다. 또한, 그는 죄인들, 세리들과 함께 식사했고, 안식일을 어겼으며 인자는 안식일의 주인이라고 선포했습니다. 평범한 백성은 그의 말씀에 귀 기울였습니다. 하지만 종교 권력자들은 예수를 심각한 위협으로 여겼고, 그를 무너뜨리려는 음모를 꾸몄지요.

> 바리사이파 사람들은 바깥으로 나가서, 곧바로 헤로데 당원들과 함께 예수를 없앨 모의를 하였다. (마르 3:6)

로마인들은 예수가 카이사르의 정당한 통치를 전복하려 한다고 여겼습니다. 복음서에 나오는 예수의 모습은 결코 온화하고 따뜻한 인물이 아닙니다. 오히려 콘래드 노엘Conrad Noel*이 묘사한 모습에 가깝지요.

---

* 콘래드 노엘(1869~1942)는 영국의 성공회 사제다. 치체스터 신학교에서 신학을 공부하고 사제 서품을 받았다. 사회주의 성향으로 인해 오랜 기간 교회에 정착하지 못했으나 택스테드 지역 교회의 주임 신부가 되어 그곳에서 전례와 사회 쇄신 운동을 활발히 벌였다. 퍼시 디어머Percy Dearme와 함께 영국의 그리스도교 사회주의 운동을 대표하는

그는 여관 헛간에서 태어난 반역자였다. 그는 왕을 멍청한 여우라고 불렀고 세상에 저항하고 법을 어기고 공권력에 쫓겼다. 이곳과 저곳에 있던 세상 사람들은 힘을 모아 그를 무너뜨렸다.[2]

하느님 나라 신학, 그리고 하느님 나라에 대한 전망의 회복

오늘날 복음은 희석되어 있고, 개인화되어 있고, 내면화되어 있습니다. 우리가 물려받은 복음을 놓칠 위기에 처해 있는 것이지요. 오랜 기간에 걸쳐 사람들은 복음의 범위와 파장을 축소하기 위해 두 가지 본문을 사용하곤 했습니다. 첫 번째는 "하느님의 나라는 너희 안에 있다"(루가 17:21, 제임스 흠정역)는 구절입니다. 이 구절을 들어 사람들은 예수께서 하느님 나라는 신자의 마음에 있다고 말씀하셨다고, 그리하여 따뜻하고 평온한, 개인의 내면에서 일어나는 경험만을 강조하셨다고 생각했고, 또 주장했습니다. 그러나 '엔토스 휘몬'ἐντὸς ὑμῶν이 "너희 안에"라는 뜻일 가능성은 지극히 낮으며 "너희 가운데"라고 번역해야 합니다. 그리고 설령 "안에"라는 뜻이라 할지라도 "너희"는 복수이므로 하느님 나라는 공동체 안

　　인물로 꼽힌다.

2　Conrad Noel, *Manifesto of Catholic Crusade* (London: Archive One, 1970), 16.

에, 혹은 그 가운데 있다고 보아야 할 것입니다. 위와 같은 잘못된 이해는 16세기 이후 서구 사상의 영향 때문이며 복음서의 내용을 사실상 무의미하게 만들어 버립니다. 내면에 자리한, '영적' 나라라는 관념은 예수께서 활동하셨을 당시 사람들에게는 아무런 의미가 없었을 것입니다.

또 다른 본문은 "내 나라는 이 세상에 속한 것이 아니오"(요한 18:36)라는 말씀입니다. "이 세상"이라는 말은 그리스도교의 매우 독특한 표현입니다. 고대 작가들의 여느 작품이나 구약성서에는 이런 표현이 나오지 않습니다. 하늘과 땅을 아우르는 하나의 세상만 있을 뿐 두 개의 세상은 존재하지 않지요. 요한과 바울이 쓴 이 표현은 두 시대, 두 영역을 가리킵니다. 하느님 나라는 이 시대의 구조 및 가치와 대비를 이루며 이들과 충돌합니다. 자신의 나라가 이 세상에 속하지 않았다는, 좀 더 정확하게는 이 세상으로부터 오지 않았다는 예수의 말씀은 하느님 나라가 이 세상과 아무런 관련이 없다는 뜻이 아닙니다. 오히려 하느님 나라는 그 기원과 가치가 다른 곳에서 비롯되었으며, 이 세상(혹은 이 시대)에 맞서 이 세상(혹은 이 시대)에 대한 심판의 상징으로서 있다는 뜻입니다.

이 하느님 나라라는 기쁜 소식은 혁명과도 같은 소식입

니다. 하느님 나라는 인류 역사 안에서, 인류 역사를 비판하는 과정으로 기능한다는 점에서, 다른 무언가를 가리키는 끊임없는 상징으로 작동한다는 점에서, 초월의 징표로 살아 숨 쉰다는 점에서 '다른 세상'입니다. 하느님 나라는 이 세상을 위한 변화와 변혁의 원천이며, 새로운 세상에 대한 전망이자 이를 추동하는 힘입니다. 오랜 시간 사람들은 이 메시지를 회피했고, 그 영향을 무시했습니다. 이와 관련해 1923년 잉글랜드 성공회에서 예언자와 같은 역할을 맡고 있던 퍼시 위드링턴Percy Widdrington*은 이 세상의 변혁이라는 희망이자 '신학을 규정하는 원리'the regulative principle of theology로서 하느님 나라를 회복한다면 16세기 종교개혁은 작아 보일 정도로 커다란 변화가 일어날 것이라고 말한 바 있지요. 오늘날 우리는 그가 한 말이 일부나마 이루어지고 있는 모습을 보고 있습니다. 최근 그리스도교 역사에서 가장 눈여겨볼 만한 지점은 하느님 나라 신학, 하느님 나라에 대한 전망에서 이 세상과 갈등하는 하느님 나라의 차원, 이 세상을 변혁하는 하느님 나라의 차원에 대한 감각이 회복되고 있다는 것입니다.

---

* 퍼시 위드링턴(1873~1959)는 영국의 성공회 사제다. 옥스퍼드 대학교 세인트 에드먼드 홀에서 공부했으며 1897년 사제 서품을 받았다. 이후 지역 교회의 사제로 활동함과 동시에 여성 참정권 운동, 사회주의 운동에 적극적으로 참여했다.

오랜 시간 교회는 하느님 나라에 담긴 역동성을 외면했고, 그 결과 기쁜 소식을 기쁜 소식으로 받아들일 수 없게 되었습니다. 이제 우리는 하느님 나라가 이 세상의 구조를 계속 변혁시켜 갈 것이라는 성서의 메시지가 회복되는 모습을 보고 있습니다. 이 메시지가 회복되면 종교와 정치의 거친 경계는 무너집니다.

많은 복음주의 그리스도인에게 1974년 로잔에서 열린 세계 복음화 국제 대회는 일종의 전환점이 된 사건이었습니다. 이 대회에서 널리 알려진 복음 전도자이자 닉슨 정권(및 이전 정권들)과 가까운 동맹을 맺고 있던 빌리 그레이엄Billy Graham은 그때까지 사회 정의는 복음주의자들의 주된 관심사가 아니었다고 고백했습니다. 전도와 사회 정의를 분리하는 이원론 신학을 그가 거부한 일은, 복음주의 사상의 위기의 순간임과 동시에 쇄신의 순간이었습니다. 어떤 면에서 이는 한동안 이어지고 있던, 성서에 바탕을 둔 온전함을 회복하는 과정이었다고도 할 수 있습니다. 1972년 존 하워드 요더John Howard Yoder는 예수가 혁명과도 같은 정치적 전망을 제시했으며, 예수를 따르는 이들의 공동체인 교회는 복음 안에서 구현되어야 할 첫 번째 사회 구조라는 주장이 담겨 있는 저서 『예수의 정치학』The Politics of Jesus을 출간했습니다. 얼마지나지 않아 미국의 또 다른 복음주의자 리처드 마우Richard Mouw는 정치 활동이 전도에 있어서 필수적이라고 이야기했지요. 점차 그리스도교인들이 "급진적 제자도"radical discipleship라는 말을 쓰기 시작했습니다. 워싱턴 DC에 있는 소저너스 공동체의 핵심 인물이자 성서에 바탕을 둔 급진주의의 회복에 중요한 역할을 한 짐 월리스Jim Wallis는 오늘날 다수의 예배에서 이루어지는 설교가 자기애를 중시하는 문화에 맞게 왜곡된다고 지적하기도 했지요. 서구 사회는 예수에게로 다가가는 대신 예수를 자신에게로 끌어들이려 했습니다. 서구에서 전파한 복음은 세상을 뒤집기는커녕, 잘못된 가치와 구조를 강화하는 역할을 했습니다. 메시지가 변했기 때문이지요. 복음은 새로운 삶의 방식으로 우리를 부르며, 그 부름에 충실하다면 기존 사회에서 일탈할 수밖에 없으며 기존 경제 및 정치 체제를 위협하는 다른 길을 지향할 수밖에 없습니다. 하지만 오랜 기간 교회가 전한 메시지는 대부분 기존 생활 방식을 공고하게 만드는 데 공헌할 뿐이었습니다.[3]
1994년 3월 말레이시아에서 복음주의자들과 은사주의자들

---

3 John Howard Yoder, *The Politics of Jesus* (Grand Rapids: Eerdmans, 1972). 『예수의 정치학』(알맹e). Richard Mouw, *Political Evangelism* (Grand Rapids: Eerdmans, 1973). Jim Wallis, *The Call to Conversion* (Oxford: Lion, 1982), 28, 56, 132.

이 함께 한 회의에서는 '온전한 복음에 관한 하느님 나라 선언문'Kingdom Manifesto on the Whole Gospel을 발표했습니다. 이 여파로 적지 않은 그리스도교인이 예수 그리스도에 관한 복음은 정치와 분리될 수 없음을 깨닫게 되었지요. 비정치적인 예수, 예수를 비정치적으로 이해하는 방식은 아무 의미가 없습니다. 그러한 관점은 예수의 삶, 활동, 가르침, 십자가, 그리고 기존 체제를 뒤흔들고 현상 유지에 맞선 모습, 그렇기에 일어날 수밖에 없는 죽음, 초기 교회의 급진적 삶의 방식을 온전히 담아내지 못합니다.

예수 - 세금, 음식, 성전

예수의 죽음은 그의 삶과 분리될 수 없습니다. 오히려 그의 삶의 피할 수 없는 결론이었지요. 복음서를 보면 예수는 분열을 일으키는 인물이었습니다. 시므온의 예언대로 그는 "여러 사람의 마음에 있는 생각을 드러"냈습니다. 예수의 가르침과 활동은 끊임없는 논쟁을 낳았습니다. 크게 경건주의자들의 정적주의, 사두가이파의 지배, 열심당원의 폭력과 갈등했지요. 예수의 삶에서는 세금, 음식, 성전이라는 문제가 매우 중요했습니다. 세금 문제는 당시 사람들에게 가장 커다란 문제였습니다. 로마에 내야 하는 세금 외에도 성전에 내야 하는 세금이 있었습니다. 성전에서 자체로 세금을 징수하도록 로마에게 특별 허가를 받았기 때문이지요.[4] 사람들은 예수에게 황제(카이사르)에게 세금을 내는 것이 옳은지를 물었습니다(마르 12:13~17). 예수는 동전에 누구의 모습과 글자가 새겨져 있냐고 물었고, 사람들이 황제의 것이라 대답하자, "황제의 것은 황제에게 돌리고 하느님의 것은 하느님께 돌려라"고 답했습니다. 예수의 이 답에 사람들은 "놀랐다"고, 공관복음 저자들은 기록하고 있지요.

오늘날 논쟁에서 예수의 활동은 정치와는 무관하다고 이야기하는 이들은 보통 이 구절을 들어 세속 권력의 고유한 자리를 강조하곤 합니다. 이를테면 영국의 정치인 이녁 파월Enoch Powell은 저 구절을 근거로 들어 예수의 선교는 정치 및 경제와 관련이 없었다고 주장했고, 마거릿 대처Margaret Thatcher 역시 그 주장에 동조했습니다. 두 사람은 예수가 정

---

4 그들이 가파르나움에 이르렀을 때에 성전세를 받으러 다니는 사람들이 베드로에게 와서 "당신네 선생님은 성전세를 바칩니까?" 하고 물었다. "예, 바치십니다." 베드로가 이렇게 대답하고 집에 들어갔더니 예수께서 먼저 "시몬아, 너는 어떻게 생각하느냐? 세상 임금들이 관세나 인두세를 누구한테서 받아내느냐? 자기 자녀들한테서 받느냐? 남한테서 받느냐?" 하고 물으셨다. "남한테서 받아냅니다" 하고 베드로가 대답하자 예수께서 다시 이렇게 말씀하셨다. "그렇다면 자녀들은 세금을 물지 않아도 되지 않겠느냐?" (마태 17:24~26)

치 문제를 조심스럽게(그리고 편리하게) 피했으며, 황제와 하느님의 영역을 분리하는 세계관을 받아들이고 장려한다고 생각합니다. 이들에 따르면 정치와 공공 영역은 황제의 영역이고 하느님의 영역은 '영적인' 영역, 사적 영역입니다. 하지만 당시 사람들이 이들의 이야기를 접했다면 분명 "놀랐"을 것입니다. 이는 본문과 문맥을 오해하고 왜곡하는 것일 뿐만 아니라 유대 민족의 역사와 신학, 그리고 예수의 가르침 전체를 거스릅니다. 예수는 하느님의 절대 권위를 주장함으로써 세금에 관한 모든 문제의 뿌리를 뒤흔들었습니다. 그는 황제의 고유한 영역이 있다고, 혹은 황제가 자율적으로 통치하거나 통제하는 영역이 있다고 주장한 게 아니라 하느님은 절대적이며 황제는 상대적이라고 주장했습니다. 그렇게 함으로써 예수는 자신의 지배를 정당화하는 로마 제국의 뿌리를 잘라 버렸습니다. 사람들이 그의 대답에 기뻐한 이유는 그의 답이 통상적인 견해를 거슬렀기 때문입니다. 빌라도 앞에서 열린 재판에서도 세금 문제는 예수가 선동가라는 주장을 뒷받침하는 혐의 중 하나였습니다.

그들이 예수를 고발하여 말하기를 "우리가 보니, 이 사람은 우리 민족을 오도하고, 황제에게 세금 바치는 것을 반대하

고, 자칭 그리스도 곧 왕이라고 하였습니다." (루가 23:2)

예수의 삶이 지닌 전복적인 성격이 드러나는 두 번째 영역은 식사입니다. 그는 모든 부류의 사람들과 식사하면서 사회 규범과 의례 규범을 모두 깨뜨렸습니다. 식사가 예수의 활동에서 얼마나 중요한 역할을 했는지를 우리는 주목해야 합니다. 루가복음서를 보면 음식이 나오지 않는 장이 없으며 모든 복음서에는 함께 식사를 나누는 모습이 중요한 장면으로 등장합니다. 이러한 공동 식사, 하느님 나라에 대한 눈에 보이는 비유는 유월절 축제와 함께 이후 그리스도교 성찬 예배의 기초를 형성했습니다.

좀 더 중요한 것은 예수가 식사의 자리로 초대한 사람들입니다. 그는 죄인, 버림받은 이, 세리, 평판이 좋지 않은 이, 율법상 부정한 이, 몸이 불편한 이, 눈먼 이를 식사 자리로 초대했습니다. 당시 이런 사람들은 거룩한 빵을 나누는 자리에서 제외되곤 했습니다. 레위기 21장은 눈먼 사람, 몸이 성치 않은 사람은 하느님께 음식 제물을 바칠 수 없다고 이야기합니다. 그러나 예수는 바로 이런 사람들을 초대했습니다. 종교 권력자들은 이러한 행동을 신성 모독으로 여겼고, 정치 권력자들은 선동으로 간주했습니다. 어떤 의미에서 예수는 그가 먹는 방식, 그가 지킨 동료들 때문에 죽음을 맞이했다고 말할 수 있습니다.

예수가 버림받은 이들과 함께 식사하는 행동에는 어떤 의미가 담겨 있을까요? 그는 가장 열린 방식, 그리고 강한 인상을 남기는 방식으로 하느님 나라에는 누구도 추방되거나 소외되지 않음을 보여 주었습니다. 그렇게 함으로써 예수는 하느님 나라가 계급, 계층, 위계를 옹호하는 이들과 충돌할 수밖에 없음을 알렸습니다. 자신의 가족은 하느님의 뜻을 행하는 사람이라고 하면서 기존의 친족 관계에 대한 근본적인 의문을 제기한 것도 같은 맥락이라고 할 수 있습니다(마르 3:35).

물론 예수가 십자가 처형까지 이르게 된 가장 주요한 원인은 그가 재정 운영의 중심인 성전을 공격했기 때문입니다. 예루살렘에서 그의 행적에 관한 복음서 기록은 성서 전체에서 가장 정치적인 부분이라 할 수 있습니다. 그의 삶은 사람들이 성스럽다고 여기던 것, 현상을 유지하려는 성향, 순수한 종교, 정치 질서를 위협했고 성전은 이를 가장 분명하게 드러내는 곳이었습니다. 그곳이야말로 로마의 화폐 시장과 지역 경제가 만나는 지점이었기 때문이지요. 그렇게 예수는 정치 권력과 종교 권력의 공모를 가장 분명하게 드러내는 상징을 선택하고 예언자 이사야와 예레미야의 말(예레미야는 이 말을 한 직후 투옥되었습니다)을 활용해 일종의 축귀, 즉 정화를 진행했습니다. 재판을 앞두고 논쟁을 벌이는 중에는 "이 성전을 허물어라. 그러면 내가 사흘 만에 다시 세우겠다"(요한 2:19)는 말이 도마 위에 올랐습니다. 예언자 말라기가 주님은 어느날 갑자기 성전에 오실 것이라고 한 예언 때문에, 사람들은 이 성전 정화 사건을 예수가 자신이 메시아임을 주장하는 사건이라고 보았던 것 같습니다.

비정치적인 예수?

여전히 예수가 '비정치적'이었다고 말하려 한다면, 정치라는 개념을 할 수 있는 한 협소하게 정의해야만 할 것입니다. 그의 활동, 곧 섬김은 전복적인 활동이었으며 사회가 어떤 역할에 대해 갖고 있던 고정관념을 뒤집는 일이었습니다. 요한복음서가 그리는, 기존의 희생 제사 제도를 대체하는 세족식 장면은 이러한 섬김을 잘 보여 줍니다. 그리스도교 예배가 성찬 중심이 아닌 세족식 중심으로 이루어지고 이것이 또다시 종교화되었다면, 사람들은 물에 발을 완전히 담가야 하는지, 아니면 발에 약간의 물을 뿌리는 것으로 충분한지, 왼발을 먼저 씻어야 하는지, 오른발을 먼저 씻어야 하는지, 여성의 발을 씻을 수 있는지, 여성도 누군가의 발을 씻겨 줄 수 있는지를 두고 논쟁을 벌일지도 모르겠습니다. 우울한 이야기지요. 그러나 세족식의 정치적 의미는 위계를 뒤집고 무너뜨리는 데 있습니다. 스승이 제자들의 발을 씻기고, 처음이 마지막이 되며, 마지막이 처음이 되기 때문입니다. 마리아가 노래했듯 제왕들은 왕좌에서 물러나고 비천한 사람들은 높아집니다. 하느님 나라는 기존의 가치와 구조가 뒤집힌 나라입니다. 그러한 면에서 세족식은 그리스도교 사역의 영원한 상징입니다. 하느님의 형상이신 그리스도께서는 노예의 모습을 하시고, 자신이 그러하셨듯 세상을 뒤집는 겸손의 길로 사람들을 부르십니다.

사적인 시선으로, 강자의 시선으로 복음서를 읽으면 이 모든 것을 놓치고 예수를 온화하고 비정치적이며, 별다른 위협이 되지 않는 좋은 시민으로, 혁명을 요구하고 일으키는 의미가 모두 제거된 인물로 만들어 버리게 됩니다. 이렇게 되면 십자가는 이해할 수 없는 일로 남습니다. 맥락에서 찢겨 나간, 이름만 남은 예수가 되어 버리는 것이지요.

오늘날 예수에 관해 사람들이 갖는 가장 일반적인 인상은 관용과 화합을 장려하는 위대한 화해자의 모습입니다. 비그리스도교인들은 선의를 지닌 사람, 관용을 지닌 사람, 친절한 사람으로서 예수를 존경합니다. 이는 예수가 화합은커녕 분열을 일으켜 평화가 아닌 칼을 가져왔고, 가족이 서로 맞서게 했으며, 분노와 사회 불안을 낳았다는 사실을 회피하는 것입니다. 그리스도교인인 우리 역시 이런 측면을 회피하고 너무 손쉽게 화해를 강조합니다. 감리교의 한 조사에 따르면 목회자의 42%가 교회의 첫 번째 과제를 화해로 꼽았습니다. 그러나 이것은 무엇을 의미할까요? 신약성서에서는 어둠의 세력과 화해를 이야기하지 않습니다. 예수의 활동에서는 축귀가 중심을 이루고 있지요. 그분은 악의 세력과 화해하지 않으시며 이들을 내쫓으십니다. 화해는 투쟁의 결과이며 갈등을 통해서만, 결국에는 죽음을 통해서만 이루어집니다.

십자가의 정치적 의미

그래서 예수는 반란자, 범죄자, 안정된 질서를 위협하는 사람들만 맞이하는 죽음을 맞이했습니다. 십자가에 못 박혀 죽은 것이지요. 역사가 요세푸스Josephus는 예루살렘 밖에서 일어난 수많은 십자가 처형에 대해 언급한 바 있는데, 모두 반역죄였습니다. 로마는 피지배인들을 복종시키려는 용도로 십자가형을 사용했고, 종종 노예들이 그 희생자가 되었습니다. 스파르타쿠스Spartacus가 일으킨 반란이 실패했을 때 6,000명의 반란자 노예들이 아피아 가도에서 십자가형으로 죽음을 맞이했습니다. 예수도 두 명의 범죄자 사이에서 십자가에 못 박혔습니다. 그가 체포되어 재판받고 죽음에 이르는 과정은 음모, 거래, 고문, 은밀한 행동, 죄수 교환 논쟁, 권력자들의 조작 계획, 사법 살인이라는 정치 드라마의 분위기를 풍깁니다.

그러나 이러한 죽음을 통해 새로운 공동체가 등장했습니다. 바로 교회지요. 교회는 세상 권력에 대한 궁극적인 도전인 십자가 사건을 통해 탄생한 공동체입니다. 초기 그리스도교 저술가들은 예수의 십자가가 세상 정사와 권세를 무너뜨렸다고 묘사합니다. 예수가 주主라는 주장은 저 수치스러운 나무에서 나왔습니다. 그렇기에 예수가 주라는 주장은 이 세상 권력자들의 권위가 절대적이라는 모든 주장을 부정하는 것입니다. 예수가 주라면 다른 주인은 없습니다. 그러므로 십자가와 자신을 동일시하는 공동체는 지상의 권력 구조에서 주변부가 되고, 권력자들의 거짓 주장에 순종하지 않으며, 거류민이 되고, 성문 밖이 유일한 집이 됩니다. 이 공동체는 안정된 질서를 훼손합니다. 고대 철학자 켈수스Celsus는 그리스도교인들이 하늘과 땅에 '혼란'(스타시스στάσις), 즉 혁명을 가져왔다고 불평했습니다. 그러니 황제가 그들에게 최악의 벌을 가한 것입니다.

역사 전체에서 십자가는 저항과 반란의 상징, 종교 권력이든 정치 권력이든 인간의 정신과 육체를 억압하려는 모든 주장에 대한 항의의 상징으로 서 있습니다. 모든 체제와 이념, 모든 정권과 제도에 대한 반란으로서 십자가는 개인과 집단을 계속해서 경계 밖으로, 문밖으로 밀어냅니다. 동시에, 십자가는 불의를 정당화하는, 급기야는 불의에 성스러움을 부여하는 모든 종교, 전 세계에서 골고다를 계속 재생산하는 종교, 현상을 유지하려 하는 종교의 거짓과 마성魔性을 폭로하는 상징으로 서 있습니다. 십자가는 침묵을 강요하는 사회, 그리스도에 대한 순종이 아닌 세상 권력에 대한 무비판적인 복종을 강요하는 모든 사회의 위기 지점, 연약하고 작은 이들을 멸시하는 이들, 그리하여 그리스도를 멸시하는 이들의 위기 지점입니다. 예수는 순응과 타협의 유혹에 맞서 세상의 주인이 진실로 누구인지에 대한 거짓된 주장을 자신의 십자가에 못 박습니다. 거기에 예수의 정치가 있습니다. 그렇게 그는 우리 시대와 같은 어두운 시대에도 그리스도인들이 저항할 수 있는 풍토를 일구고, 해방구를 엽니다. 어제와 마찬가지로 지금도 그리스도께서는 많은 사람의 삶과 온전함을 부정하고 억압하는 불의하고 잔인한 구조와 권력에 맞서십니다. 성문 밖에, 그리스도께서 십자가에 못 박힌 채 매달려 계십니다. 그렇게 그분은 정죄 받고 심판받으심으로써 모든 이를 심판하십니다.

그리스도교 공동체는 예수의 십자가가 오늘날 악한 세대에서, 세상에서 종노릇 하게 만드는 악한 영들로부터 우리를 해방시켰다고 주장합니다(갈라 1:4, 4:3 참조). 그리스도께서는 십자가를 통해 통치자들과 권력자들의 무장을 해제시키시고, 그들에게 승리를 거두셨습니다(골로 2:15). 물론, 이 투쟁은 계속되고 있습니다. 그리스도 안에서 우리는 "통치자들과 권세자들과 이 어두운 세계의 지배자들"(에페 6:12)과 전투를 벌입니다. 오늘날 그리스도를 따르는 제자의 길을 걷고자 하는 이들의 가장 중요한 과제는 바로 이 전투에 참여하는 것입니다.

IV
하느님께서 부어 주신 사랑

하느님께서 우리에게 주신 성령을 통하여

그의 사랑을 우리 마음에 부어 주셨습니다. (로마 5:5)

제자가 되는 훈련

많은 그리스도교인이 "주여, 주여"라고 외치지만, 정작 그분의 말씀은 따르지 않습니다. 안쓰럽고, 위험한 일입니다. 각종 현수막과 광고, 우표에 예수의 이름이 나오지만, 우리는 그분을 마치 엘비스 프레슬리Elvis Presley나 도널드 덕, 슈퍼맨 정도로 여깁니다. 때로는 히틀러, 무솔리니, 카다피Gadhafi처럼 받아들이기도 하지요. 우리는 예수께서 우리를 향해 전하신 가르침, 우리를 향한 요구에는 조금도 주목하지 않으니다. 물론 헌신하고 충성하지만, 그 헌신과 충성의 대상은 살아 계시고, 가르치며, 치유하고, 죽고, 부활하신 예수가 아닙니다. 그것은 예수라는 이름을 붙였을 뿐인, 길복吉福을 가져다준다고 믿는 무언가, 부적, 우상일 뿐이지요. 이런 왜곡이 생기면 예수의 이름, 그리고 그에 대한 잘못된 인상 외에는 아무것도 남지 않습니다. 십자가는 그 능력과 의미를 잃어버리고 미신의 대상, 탐닉의 대상이 되고, 예수의 죽음은 그분의 삶과 활동의 역사적 맥락에서 벗어나게 됩니다. 루터가 "하느님의 왼손이 지닌 능력"이라고 불렀던 십자가의 능력이 그 내용과 맥락을 잃게 되는 것이지요.

달리 말하면, 십자가를 선포하는 일이 잘못된 길로 빠질 수도 있다는 것입니다. 설교는 삶으로부터, 공동체로부터, 그리고 십자가가 활력 있게 움직이고 효과를 발휘할 수 있는 모든 사회·정치 구조로부터 유리될 수 있습니다. 적잖은 설교자들이 살균 처리된 공간에서, 언뜻 매력이 있고 그럴싸한 수사들로 포장된, 그렇지만 틀에 박힌 십자가 이야기를 선포하고 있습니다. 십자가와 관련된 우리의 언어는 점점 더 구체적인 현실로부터 단절된 채 우리의 감정만 순간적으로 건드립니다. 온갖 말과 상징이 넘쳐나지만, 우리에게는 아무런 영향도 주지 않습니다. 그렇게 우리는 십자가의 길 가운데서 주님을 따르는 제자도의 중요한 차원을 잃어버렸습니다.

십자가의 길을 따른다는 것은 엄청난 힘과의 관계, 행동을 일으키는 힘과의 관계로 들어가는 것입니다. 그리스도교 초기에 사람들은 그리스도인들을 "세상을 소란스럽게 하는 자들"(사도 17:6)이라고 말했습니다. 그들의 선포, 그리고 거기서 비롯된 공동체 생활에 담긴 힘을 알아차린 것입니다. 초기 그리스도인들이 선포한 내용과 삶의 중심에는 십자가에 못 박힌 이에 대한 기억, 그의 삶이 있었습니다. 그들은 그렇게 죽음을 맞이한 예수, 스스로 죽음의 길로 들어간 예수가 사람들을 가르치고 "선한 일을 행하"(사도 10:37)고, 병자를 고치고 나병 환자를 깨끗하게 하고, 악의 세력을 쫓아낸 분이었음을 기억했습니다. 그 예수는, 나자렛 회당에 처음으로 나타난 날 자신의 사명과 전략을 분명하게 밝힌 분이었습니다.

주님의 영이 내게 내리셨다.

주님께서 내게 기름을 부으셔서,

가난한 사람에게 기쁜 소식을 전하게 하셨다.

주님께서 나를 보내셔서,

포로 된 사람들에게 해방을 선포하고,

눈먼 사람들에게 눈 뜸을 선포하고,

억눌린 사람들을 풀어 주고,

주님의 은혜의 해를 선포하게 하셨다. (루가 4:18~19)

이 설교를 진지하게 받아들인다면 전도와 정의의 실천, 영성과 사회적 행동, 기도와 정치는 분리될 수 없음을 깨달을 것입니다. 예수를 따르는 제자들의 공동체는 그분이 선언한 내용과 같은 내용을 선포하도록, 세상을 치유하고 해방시키도록 부름받았음을 되새기게 될 것입니다.

희년의 백성

앞서 언급한 루가복음서 구절은 이사야서 61장 일부를 활용한 구절이기도 합니다.

주님께서 나에게 기름을 부으시니,

주 하느님의 영이 나에게 임하셨다.

주님께서 나를 보내셔서,

가난한 사람들에게 기쁜 소식을 전하고,

상한 마음을 싸매어 주고,

포로에게 자유를 선포하고,

갇힌 사람에게 석방을 선언하고,

주님의 은혜의 해와 우리 하느님의 보복의 날을 선언하고,

모든 슬퍼하는 사람들을 위로하게 하셨다. (이사 61:1~2)

이 구절의 중심에는 희년이 자리 잡고 있지요. 이를 염두에
둔다면 그리스도인은 희년의 백성으로 부름받은 이들이라
고도 할 수 있을 것입니다. 땅과 개인을 아우르는 해방은 희
년의 자유를 선포한 레위기 25장에 그 기원을 두고 있습니
다. 이사야서 61장은 이 주제를 다시 다루고 있지요. 이 구절
에 나오는 "포로"는 가난한 이들, 경제적 억압의 희생자들을
가리킵니다. 예수는 이 구절을 활용하되 이사야서 58장 6절
에 나오는 "억눌린 사람들을 풀어 주는 것"을 추가해 억압으
로부터 벗어나는 것이 자신의 주된 관심사임을 강조했습니
다. 희년, 자유의 해, 포로 됨과 빚으로부터의 해방은 그분이
전한 메시지의 상징적 틀이었습니다. 예수는 하느님이 베푸
시는 은총의 해, 희년을 선포하기 위해 이 땅에 왔습니다.

앞서 예수가 활동했을 당시 갈릴리 사람들은 헤로데의 과
도한 세금 징수로 인한 부채로 고통받았다고 이야기한 바 있
습니다. 그래서 예수의 가르침에서도 빚, 즉 부채가 자주 등
장하지요. 빚은 사회악의 상징이며 예수는 이로부터의 해방

을 선포했습니다. 빚이 사회악의 상징이듯 빚을 탕감하는 희년은 예수가 선포한 해방의 상징입니다. 모세 전승에서 해방의 상징은 출애굽 사건이며 희년은 해방된 영토에서 이루어지는 평등의 상징입니다. 이스라엘 민족 각 지파에게 땅을 공평하게 분배하는 희년의 원리는 이스라엘 민족 윤리의 초석이 되었습니다. 여기에는 땅은 하느님의 소유라는 기본 원칙이 흐르고 있지요. 그렇기에 희년은 구원 과정의 일부, 하느님과의 계약의 일부입니다. 인간 중 누구도 땅에 대한 절대적인 소유권을 주장할 수 없습니다. 조지 달몬George Dalmon이 에식스주 텍스테드 교회를 위해 지은 성가는 이를 잘 표현하고 있지요.

우리가 임대료를 치러야 할 유일한 집주인은 하느님뿐.
그분은 소수가 아닌 모두를 위해 이 땅을 만드셨다네.
모두를 위해, 그분께서는 땅, 물, 공기, 불을 만드시고
순위를 매겨 배치하셨다네.

예수는 율법과 예언자들의 예언을 성취하기 위해 이 땅에 왔습니다. 그는 사람들에게 정의, 자비, 신의와 같은 율법의 더 중요한 요소들을 상기시켰습니다(마태 23:23 참조). 그렇

기에 예수의 가르침에 충실한 공동체는 이 땅의 해방, 이 땅에서 억압받고 포로로 잡혀 있는 이들의 해방을 자신들의 이해, 제자도의 중심에 놓습니다.

예수가 선포한 기쁜 소식, 해방의 소식은 새로운 공동체, 하느님 나라, 새로운 시대 속 새로운 관계로 구현되어야 했습니다. 복음은 변혁에 관한 소식, 운명의 반전에 관한 기쁜 소식이며, 개인의 영혼이 구원을 얻는 것이 아닌 모든 이가 의롭게 되는 것에 관한 소식입니다. 그리스도인이 된다는 것은 바로 이 새로운 공동체, 즉 주님께서 보여 주신 '의'에 헌신하는 공동체의 일원이 된다는 의미입니다.

의를 위해 헌신하는 공동체라는 관념은 언약covenant이라는 유대교의 주제와 관련이 있습니다. 유대인과 유대교의 역사 전체는 하느님께서 개인, 그리고 공동체와 양방향의 관계를 맺으셨다는 믿음에 기초하고 있지요. 구약의 역사는 언약의 백성이 되면서 형성되는 관계들, 그리고 일어나는 사건들(배신, 배반, 부침)을 중심으로 전개됩니다. 시간이 지날수록 유대인들은 언약을 외적인 것만이 아니라 내적인 것으로 이해했으며(예레 31장 참조), 생명이 있는 모든 것이 살아가는 평화로운 상태와도 연관이 있다고 생각했습니다(에제 34장 참조). 바울은 로마인들에게 보낸 편지 8장에서 이를 좀 더 확장해

종살이에서 억압으로부터의 구원을 기다리며 신음하는 피조물을 언급하고 하느님 자녀가 누릴 영광스러운 자유를 이야기하고 있지요. 구원은 공동체적이고 우주적인 것입니다. '하느님 나라'라는 상징은 바로 이러한 구원의 공동체적이고 우주적인 성격을 드러냅니다.

하느님 나라의 백성

신약학자들은 예수가 선포한 내용의 핵심이 하느님 나라의 기쁜 소식이었다는 데 동의합니다. 하느님 나라에 관한 내용을 제거하면 복음서에는 아무것도 남아 있지 않을 것입니다. 그러나 많은 설교자가 그리스도교 신앙에 대해 이야기할 때 하느님 나라를 언급하지 않는 모습을 우리는 흔히 볼 수 있습니다.

하느님 나라라는 표현은 오랜 역사를 지니고 있습니다. 예언자들은 이 땅이 하느님의 영광으로 가득 차는 새로운 시대, 모든 평범한 것들이 거룩해지는 정의롭고 자비로운 시대를 소망했습니다. 유대인들은 하느님께서 이 땅의 역사에 참여하신다고 믿었고, 이 믿음을 바탕으로 하느님 나라를 희망했습니다. 역사와 세계에 대한 유대인들의 이해를 벗어나면 예수가 선포한 하느님 나라를 온전히 이해할 수 없습니다.

그러한 면에서 예수를 죽인 것은 유대인들이라고 비난하는 그리스도교 내 반유대주의는 매우 위험한 생각입니다. 예수는 유대인들이 종교를 통해 제시한 전망, 하느님 나라는 그분의 영이 이 땅에 임해 정의와 거룩함을 함께 추구하는 공동체로 구현된다는 전망, 그렇게 헌신하는 공동체 안에서만 정의와 거룩을 추구할 수 있다는 신념을 누구보다 분명하게 드러냈습니다.

예수가 전한 메시지를 들은 이들은 그 메시지가 미칠 파장을 충분히 알고 있었을 것입니다. 예수를 비판한 이들, 그를 반대한 이들은 그의 뜻이 아니라 그런 일이 실제로 일어난다는 사실에 신경을 곤두세웠을 것입니다. 가난한 이들, 버림받은 이들, 평범한 사람들, 여성 등 예수를 따르던 이들은 그가 무슨 말을 하는지 알았고 그의 이야기에 기뻐했습니다. 그러나 그들조차 십자가를 통하지 않으면 하느님 나라로 가는 길이 없다는 것은 생각하지 못했습니다. 십자가와 하느님 나라는 밀접하게 연결되어 있습니다. 그분의 나라는 결코 완만한 과정을 거쳐 임하지 않기 때문입니다. 환란과 위기가 있어야만 낡은 폐허에서 새로운 세상이 나올 수 있습니다. 십자가는 세상의 체제가 하느님 나라에 맞서 이루어져 있다는 진리, 그리고 정치 세력이 그러하듯 종교 세력 또한 하느님 나라가 요구하는 바를 거스를 수 있다는 진리의 영원한 상징으로 서 있습니다(실제 인류 역사에서 많은 경우 둘은 사실상 같았습니다). 심판과 위기 가운데 태어난 복음은 심판과 위기에 관심을 기울입니다. 예수는 심판을 위해 이 세상에 왔습니다. 복음은 그 자체로 이 세상의 위기이자 질서의 전복입니다. 전통적인 그리스도교 언어(주님의 날의 선포, 새 에루살렘이 하늘에서 땅으로 내려옴, 회심으로의 부름, 삶의 완전한 갱신 등)는 변혁을 가리키는 말들로 가득 차 있습니다. 구원은 고통과 혼돈, 제도, 기관, 권력 구조의 붕괴, 땅과 바다의 혼란 등 하늘의 권능이 세상을 뒤흔드는 가운데, 두려움에 사로잡혀 사람들이 스스로 세운 것들이 무너지는 가운데 일어납니다. 이러한 일이 일어날 때 우리는 고개를 들어야 합니다. 해방의 시간이 임박했기 때문입니다. 이러한 격변 가운데 그리스도인인 우리는 십자가를 지라는 부름을 받았습니다.

하느님 나라의 요구는 극단적이고 절대적입니다. 뒤를 돌아보는 사람, 유보하는 사람, 가족과 개인의 약속을 우선하는 사람은 좁은 길로 나아갈 수 없습니다. 예수의 하느님 나라 선포는 가장 극단적이고 위험한 선포입니다. 이 선포는 예수가 모두를 위해 자기 십자가를 지고, 심지어는 자기 목숨을 잃는 것까지를 포함합니다.

나를 따라오려고 하는 사람은, 자기를 부인하고, 자기 십자가를 지고, 나를 따라오너라. 누구든지 제 목숨을 구하고자 하는 사람은 잃을 것이요, 누구든지 나와 복음을 위하여 제 목숨을 잃는 사람은 구할 것이다. (마르 8:34~35)

예수의 다른 '어려운 말들'처럼 이 말은 실천 불가능한 요구처럼 들립니다. 어떤 면에서는 맞습니다. 이는 우리 또한 십자가에 못 박혀야, 그리하여 십자가의 권능을 입어야 가능하기 때문입니다. 이와 관련해 바울은 예전의 나, 즉 "옛사람"이 깨어져야 한다고 말한 바 있습니다.

우리의 옛사람이 그리스도와 함께 십자가에 달려 죽은 것은, 죄의 몸을 멸하여서, 우리가 다시는 죄의 노예가 되지 않게 하려는 것임을 우리는 압니다. 죽은 사람은 이미 죄의 세력에서 해방되었습니다. 우리가 그리스도와 함께 죽었으면, 그와 함께 우리도 또한 살아날 것임을 믿습니다. (로마 6:6~8)

십자가에서 이루어지는 연대를 통해서만 우리는 새로운 시대의 삶을 살 수 있습니다. 그리고 하느님과 친교를 맺을 수 있고 그분과 연대할 수 있습니다. 여기에는 지름길이 없습니다.

십자가를 진다는 말은 어떤 의미를 지니고 있을까요? 이 말은 위에서 언급한 마르코복음서 8장 34절에서 표현한 대로 실제로 사람들에게 십자가를 표시하는 관습을 뜻하는 것일 수 있습니다. 고대에 이마에 표시를 하는 관습이 있었다는 건 널리 알려져 있지요. 예언자 에제키엘은 우상 숭배자들을 죽이기 전 예루살렘에서 일어나는 가증한 일 때문에 슬퍼하고 신음하는 사람들의 이마에 표를 새깁니다(에제 9:4). 한편 요한계시록 7장 3절에서 하느님의 종들은 멸망의 날 이전에 이마에 도장을 찍습니다. 그리스도인이 된다는 것은 그리스도에게로 편입되는 것을 의미하며, 세례를 받으며 십자가의 표시를 새기는 것을 의미합니다. 예수와 연대해 십자가를 지는 것은 어떤 신비로운 고통을 견디는 것이 아니며, 내면의 태도나 지향 따위를 이야기하는 것도 아닙니다. 십자가를 진다는 것은 자유로이 예수가 걸어간 길을 선택하는 것, 이 세상 속에서 다가올 세상의 가치를 실현하는 사회적 행위입니다. 이는 분명 복음을 위해 목숨을 바치라는 부름입니다. 과거의 인물 예수를 본받으라는 부름이 아니라 부활하시고 살아 계신 예수를 따르라는 부름입니다. 그리스도인들은 죽은 예수를 기억하지 않았습니다. 슬픔이 채 가시기도 전에 무덤을 가로막던 돌이 굴러 나와 그 슬픔을 막았습니다(마르 16:4). 십자가에 응답하기 위해서는 그 부활하신 예수를 따르고 나누어야 합니다. 달리 말하면, 제자가 되어야 합니다. 주인, 노예의 관계와는 완전히 다른 하느님과의 새롭고도 놀라운 협력 관계에 응해야 합니다. 우리는 그분의 노예가 아니라 자녀입니다. 하느님 나라의 상속자라는 표시가 우리에게 새겨졌습니다.

종 메시아

이제는 예수를 따르는 길의 세 가지 측면인 섬김(디아코니아), 비폭력, (원수 사랑을 포함한) 사랑에 대해 살펴보도록 하겠습니다. 예수는 자신이 스스로 종의 신분이 되어, 기존의 관계가 뒤집어지는 새로운 질서로, 우리 또한 종이 되는 길로 우리를 부릅니다. 신약성서에는 종을 뜻하는 단어가 두 개 있습니다. 하나는 '디아코노스'διάκονος이고 다른 하나는 '둘로스'δοῦλος이지요. 디아코노스는 섬기는 사람, 혹은 사역하는 사람을 뜻하며 '부제', 혹은 '집사'를 뜻하는 영어 단어 '디콘'deacon, '다이아코네이트'diaconate를 포함한 '섬김'과 관련된 말들이 여기서 나왔습니다. 그리고 둘로스는 노예의 상태, 즉 다른 이의 소유가 된 상태를 뜻합니다. 예수는 제자들에게 인자는 섬김을 받으러 온 것이 아니라 섬기러('디아코네인'διακονεῖν) 왔으며 누구든지 으뜸이 되고자 하는 사람은 모든 사람의 노예(혹은 종)가 되어야 한다고 했습니다(마르 10:44~45).

1950년대 후반, 그리고 1960년대 교계에서는 바로 이 노예, 혹은 종의 의미와 함의를 두고 상당한 논쟁이 있었습니다. 크게 네 가지 논쟁이 있었지요. 신약학자들은 '고난받는 종'과 관련된 대표적인 구절인 이사야서 52장과 53장이 복음서에서 예수의 고난을 다룰 때 미친 영향을 두고 논쟁을 벌였습니다. 이 논쟁은 모나 D. 후커Morna D. Hooker*의 연구서 『예수와 종』Jesus and the Servant이 나오면서 새로운 국면을 맞이했지요. 이 논쟁과 더불어 복음서에서 인자와 하느님 나라가

---

* 모나 D. 후커(1931~)는 영국의 신약학자다. 맨체스터 대학교에서 박사 학위PhD를 받았으며 런던 킹스 칼리지를 거쳐 1976년부터 1998년 은퇴할 때까지 케임브리지 대학교 레이디 마거릿 교수로 신약학을 가르쳤다. 여성으로서 최초로 케임브리지 대학교 명예 학위DD를 받았으며 마찬가지로 여성으로는 최초로 1988년 세계신약학회Studiorum Novi Testamenti Societas 회장을 맡았다. 복음서 연구, 특히 마르코복음서 연구와 바울 서신 연구에 커다란 공헌을 남긴 학자로 평가받는다. 주요 저서로 BNTC 신약주석 시리즈 중 마르코복음서 주석, 『신약성서 연구』Studying the New Testament, 『마르코의 메시지』The Message of Mark 등이 있으며 한국에는 『복음의 시작』(비아)이 소개된 바 있다.

어떤 의미를 지니고 있느냐는 논쟁도 발생했습니다. "인자"
는 무엇을 의미할까요? 에제키엘서, 다니엘서, 아니면 에녹
서에서 유래한 말일까요? 아니면 세 가지 본문 모두에서 유
래한 말일까요? 비천함을 의미할까요? 영광을 의미할까요?
개인일까요? 집단일까요? 인자가 부름받은 '섬김'은 무엇을
의미할까요? 이후 신학자들은 희생과 제사장직을 두고 논
쟁을 벌였습니다. 유진 마수르Eugène Masure, 에릭 마스칼Eric
Mascall, 막스 투리앙Max Thurian과 같은 신학자들은 중세의 희
생 개념에 의문을 제기했고, 이를 받아들인 제2차 바티칸 공
의회는 성찬과 성직에 대한 새로운 이해를 제시했습니다. 그
결과 끝없는 섬김이라는 개념이 다시금 주목받았지요. 마지
막으로, 세계교회협의회와 영국의 서더크 교구에서는 '종된
교회'servant church를 두고 논쟁을 벌였습니다. 이 모든 논쟁에
서 디아코니아, 섬김 혹은 사역이라는 개념은 중요한 위치를
차지했습니다.[1]

겉으로 보기에는 서로 연관성이 없어 보이지만, 이 논쟁들
의 핵심은 결국 예수가 누구인가, 그가 어떤 일을 했는가, 그
를 따르는 이들은 그의 정체와 행동에서 어떤 영향을 받았는

---

1 다음을 참조하십시오. John N. Collins, *Diakonia: reinterpreting the ancient sources* (Oxford: Oxford University Press, 1990).

가입니다. 그렇기에 희생이란 무엇인지, 사역 혹은 사목이란 무엇인지를 두고 좀 더 깊이 고민했던 것이지요. 다양한 견해가 나왔지만, 논쟁에 참여한 이들은 모두 예수가 자신을 따르려면 제자들에게 섬김의 길을 걸어야 한다고 말했고, 이는 고난받는 인자라는 그의 소명과 연결되어 있다는 데 동의했습니다. 이 고난은 그가 이루는 구원, 그의 희생과 연결되어 있으며, 예수 그리스도의 희생에 동참하는 것은 곧 그의 제사장 직분을 공유하는 것을 뜻합니다. 사제직은 본질상 그리스도의 죽음과 부활에 참여하는 것이며, 서품받은 성직자, 안수받은 목사뿐만 아니라 그리스도의 몸 전체가 이 직에 참여하고 있습니다. 모든 그리스도인은 섬김과 연대, 성직으로 부름받았고 세례받았습니다. 우리는 세상을 섬기기 위해 세례받았습니다. 미국 성공회 기도서에는 세례 후보자에게 이런 질문을 던집니다.

당신은 모든 사람 안에서 그리스도를 찾겠습니까? 그리고 그들을 섬기겠습니까?

이후 세례 후보자는 이렇게 답하고 교회의 정식 구성원으로 환영받습니다.

그분의 영원한 사제직에 … 참여하겠습니다.

우리가 살아가는 동안 우리의 삶에서 십자가의 의미가 새롭게 피어나기 위해서는 이러한 세례 의식의 의미를 되새기며 우리 자신을 갱신해 나가야 합니다.

비폭력 십자가

신약성서는 독특하게도 성스러운 전쟁 전통과는 구별되는 비폭력 윤리를 전합니다. 이 윤리는 당시 유대인들 사이에서 주류를 이루고 있던, 폭력을 옹호해 끝내 유대 전쟁을 낳고 말았던 메시아 열망과는 상당히 다릅니다. 로마에 협력하자는 사두가이파, 진보적인 개혁을 내세운 바리사이파, 폭력을 정당화하며 반란을 일으킨 열심당원들과는 달리 예수는 폭력 위에 세워진 질서를 뿌리부터 무너뜨리는 새로운 모형, '고난받는 종'의 모형을 제시했습니다.

예수를 따르는 이들은 무기로 악의 세력과 싸우지 말라고 배웁니다. 그런 방식으로는 악마가 세운 구조물을 파괴할 뿐이며, 악마는 또 다른 곳으로 옮겨 가고 악 그 자체를 없애지 못하기 때문입니다. '나의 방법'으로 악과 싸우는 것은 악의 세력에 합류하는 가장 좋은 방법입니다. 그래서 예수는 일관

되게 폭력을 거부하고 제자들에게 악에 저항하지 말라고 가르쳤습니다.

> 나는 너희에게 말한다. 악한 사람에게 맞서지 말아라. (마태 5:39)

학자들은 예수가 겟세마네에 있었을 때 정당한 전쟁(혹은 싸움)을 벌일 수 있는 모든 요소가 있었다고, 즉 정당한 명분도 있었고, 자기 방어를 위해 최후의 수단을 강구해야 하는 상황이었으며, 실제로 성공할 가능성도 있었다고 지적하곤 합니다. 하지만 예수는 이를 거부했지요. 초기 그리스도교인들은 자신들 역시 이를 따라야 한다고 생각했고 제자도의 본질적인 부분으로 받아들였습니다. 신약 시대 말기부터 기원후 170~180년경까지 군대에 몸담은 그리스도교인이 있었다는 증거는 없습니다. 다만 3세기 초 히폴리투스 법규집Canones Hippolyti에서는 군인이더라도 살인을 하지 말고, 살인하라는 명령을 받았을 경우 거부해야 한다고 이야기하고 있지요.

이 가르침을 거부하면 궁극적으로 폭력에 대한 숭배, 일종의 전체주의로 이어지며 십자가는 나치의 문양으로, 상대를 짓밟는 무기로 변질됩니다. 그리스도교의 정반대 편에 있다고 할 전체주의에서 폭력은 일종의 정화의 도구, 우리 안에서 최고의 것을 끌어내는 도구입니다. 폭력에 대한 숭배가 영웅이 되고자 하는 갈망을 불러일으키고, 가치 있는 대의를 위해 사람들이 위험을 감내하도록 이끌 수 있다는 점에는 의심할 여지가 없습니다. 그러나 궁극적으로 폭력에 대한 숭배는 이 길을 따르는 이들을 파괴합니다. 폭력이 우리를 정화할 수 있다는 생각은 거짓입니다. 사람들은 어느새 전체주의의 광기를 잊어버리고 있고, 그 시대를 기억하지 못하는 젊은이들이 폭력으로 세상을 바꿀 수 있다는 유혹에 넘어가 그런 방식의 전복 운동에 몸담고 있다는 사실은 너무나 안타까운 일입니다. 하지만 비폭력을 살아 내라는 명령을 받은 그리스도인 중에서도 그 유혹에 넘어가는 이들이 많습니다.

물론 비폭력의 길, 사랑의 길은 결코 쉬운 길이 아닙니다. 비폭력이 진리, 정의와 맺는 관계는 극도로 섬세합니다. 마음의 열정과 폭력성은 그 관계에 해를 끼칠 수 있으며, 설사 폭력이 더 이상 우리를 방해하기를 멈춘다 해도, 이미 벌어진 피해는 치명적일 수 있습니다. 우리 내면의 폭력성은, 우리가 가장 '영적'이면서 동시에 가장 감정이 메말라 있을 때 가장 치명적입니다. 겉으로 드러나지 않은 채 의지의 깊은 데서 작동하는 폭력이야말로 영혼에 가장 큰 위험을 끼치는 법이기 때문입니다. 폭력은 어떤 식으로든 인간을 대상, 도구로 취급하기에 언제나 반동적입니다. 예수는 이를 꿰뚫어 보았습니다. 그래서 그는 단순히 평화로운 백성이 아니라 평화를 일구는 백성으로 우리를 불렀습니다. 우리에게는 평화의 영성이 필요합니다.

평화의 영성은 비폭력 제자도라는 길에 엄청난 장애물이 있음을 받아들입니다. 평화를 추구한다는 이들조차 이러한 사실을 무시하곤 하지요. A. S. 바이어트A.S.Byatt의 소설 『게임』The Game에서는 악으로 가득 찬 현실과, 선한 가치에 대한 사람들의 깊은 적대감을 직시하기를 거부하고, 자신의 '영성'을 지키기 위해 가족을 희생한 한 남자에 대한 이야기가 나옵니다. 그에게 딸이 말합니다.

아빠는 언제나 수동적인 저항이 폭력을 사랑으로 바꿀 수 있는 것처럼 이야기하죠. 하지만 그렇지 않고, 그럴 수도 없어요. 우리는 그걸 인정해야 해요. 뺨을 때리는 사람은 언제나 있을 거예요. 사랑은 이 현실을 극복하지 못해요. 앞으로도 그럴 거고요. 낭비죠. 다른 걸 설교해서는 안 돼요. 우리에게 하느님이 필요한 건, 우리가 절망에 빠져 있고 사악

하기 때문이에요. 그분께서 오셔야만 그분을 찾을 수 있지요. 우리 내면이 언제나 빛날 수는 없어요. 설령 빛나더라도 많은 걸 비추지도 못하죠. 단순히 양심을 지키는 것만으로는 아무런 의미가 없어요. 그러니까 아빠, 제가 말하고 싶은 건, 무엇이든 먹어치우고 파괴한 다음 아무것도 갖지 않는 세상에서 살아갈 방법을 찾아야 한다는 거예요.[2]

십자가의 길은 매우 힘들고, 어려운 길입니다. 우리는 치러야 할 대가를 의식하지 않은 채 이 길을 걸어서는 안 됩니다. 그렇기에 십자가에 대한 선포는 폭력을 휘두르지 않는 사랑의 길로 나아갈 수 있도록 사람들을 준비시키는 과정을 포함해야 합니다.

사랑의 공동체

예수가 불러 모은 공동체는 서로를 향한 사랑을 특징으로 하는 공동체여야 했습니다. 그렇게 공동체의 구성원들은 자신이 예수의 제자임을 알 수 있었습니다. 요한의 첫째 편지는 사랑을 부활의 참된 증거로 묘사합니다. 이때 사랑의 대

---

2 A.S.Byatt, *The Game* (Penguin, 1983), 38.

상은 공동체의 구성원을 넘어 원수까지도 아우릅니다.

"'눈은 눈으로, 이는 이로 갚아라' 하고 말한 것을 너희는 들었다. 그러나 나는 너희에게 말한다. 악한 사람에게 맞서지 말아라. 누가 네 오른쪽 뺨을 치거든, 왼쪽 뺨마저 돌려 대어라. 너를 걸어 고소하여 네 속옷을 가지려는 사람에게는, 겉옷까지도 내주어라. 누가 너더러 억지로 오 리를 가자고 하거든, 십 리를 같이 가 주어라. 네게 달라는 사람에게는 주고, 네게 꾸려고 하는 사람을 물리치지 말아라." '네 이웃을 사랑하고, 네 원수를 미워하여라' 하고 말한 것을 너희는 들었다. 그러나 나는 너희에게 말한다. 너희 원수를 사랑하고, 너희를 박해하는 사람을 위하여 기도하여라. 그래야만 너희가 하늘에 계신 너희 아버지의 자녀가 될 것이다. 아버지께서는, 악한 사람에게나 선한 사람에게나 똑같이 해를 떠오르게 하시고, 의로운 사람에게나 불의한 사람에게나 똑같이 비를 내려주신다. 너희를 사랑하는 사람만 너희가 사랑하면, 무슨 상을 받겠느냐? 세리도 그만큼은 하지 않느냐? 또 너희가 너희 형제자매들에게만 인사를 하면서 지내면, 남보다 나을 것이 무엇이냐? 이방 사람들도 그만큼은 하지 않느냐? 그러므로 하늘에 계신 너희 아버지께

서 완전하신 것 같이, 너희도 완전하여라." (마태 5:38~48, 루가 6:27~36 참조)

원수들, 혹은 적들('엑스트로이'ἐχθροί)은 개인의 적, 국가와 민족의 적 모두를 뜻합니다. 예수의 가르침 중 정말 독특한, 당대 어떤 전통에서도 찾기 힘든 가르침은 단순한 사랑이 아니라 바로 이 원수와 적에 대한 사랑입니다(레위기 19장 17~18절에서는 동족을 사랑하라고 명령하고, 쿰란 공동체의 규율 문서에서는 어둠의 자식들을 미워하라고 명령합니다). 신약성서는 증오를 금하고 그리스도인이 하느님께서 들어 쓰시는 복수의 도구가 아니라고 주장합니다. 이 같은 맥락에서 교부 테르툴리아누스 Tertullian는 원수와 적을 사랑하는 유일한 사람들은 그리스도인뿐이라고 주장했습니다. 분명 그리스도인들은 원수와 적을 사랑하라는 명령을 받은 유일한 공동체였습니다.

이 가르침이 왜 그토록 중요할까요? 희년, 하느님 나라, 섬김, 비폭력, 사랑에 대한 가르침은 하느님의 본성과 성품에 관한 가르침이기 때문입니다. 본래 '하느님 나라'라는 용어는 하느님의 이름을 언급하지 않은 채 그분에 대해 말할 때 쓰는, 일종의 완곡한 표현으로 쓰였습니다. 하느님에 대해 말한다는 것은 곧 정의와 거룩함을 따라 살아가는 새로운 공동체에 대해 말하는 것입니다. 그러한 공동체 안에서만 우리는 하느님을 알고 따를 수 있습니다. 하느님께서는 저 위 어딘가 먼 곳을 떠다니며 우리를 위협하시는 분이 아닙니다. 그분은 우리가 모두 속해 있는 바탕이자 함께 살아가는 삶의 원천이며 우리가 지닌 인간성의 뿌리입니다. 노리치의 줄리언Julian of Norwich이 말했듯 그분은 우리를 떠받치고 있는 땅입니다.

따라서 그리스도인들의 공동체인 교회는 복음의 필수 요소입니다. 그리스도인으로서 우리는 우리가 누구인지를 전합니다. 초기 교회는 부를 공유하며 '코이노니아'κοινωνία를 살아 냈습니다(사도 4:32~5:16, 2고린 2:8). 3년을 주기로 하는 성서 정과에서 사순절 넷째 주일 신약성서 본문은 우리가 빛의 자녀(에페 5:8~14)라는, 사랑과 부활의 자녀(에페 2:4~10)라는, 화해라는 직분을 받은 새로운 피조물(2고린 5:17~21)이라는 말씀을 전합니다. 그리스도교 공동체의 구성원임을 되새기는 것이지요.

예수께서는 자신이 포도나무이고 우리는 그 가지라고 말씀하셨습니다. 이는 연대의 가장 분명한 표현입니다. 포도나무가 흙과 물, 공기를 품듯 예수께서는 우리를 자신의 생명 안으로 끌어들이십니다. 안티오키아의 이그나티우스

Ignatius of Antioch에 따르면, 그리스도인은 "십자가의 가지"입니다. 예수께서는 하느님에 관한 모든 생각을 완전히 바꾸기 위해 죽음을 감내하셨습니다. 그렇게 그분은 율법과 예언자들이 가리킨 진리, 희년으로 구체화된 진리, 인간이 자유와 평등, 정의를 위해 투쟁할 때만 참 하느님을 알 수 있다는 진리를 몸으로 보여 주셨습니다.

V

하느님이 머무시는 어둠

하느님께서 계시는 어둠 ... (출애 20:21)

... 어둠이 온 땅을 덮었다. ... (마태 27:45)

온 땅을 덮은 어둠

언젠가 시몬 베유Simone Weil는 창조주 하느님과 십자가에 달린 하느님 사이의 거리는 오직 위에서만 볼 수 있다는 난해한 이야기를 한 적이 있습니다. 또한, 십자가에 못 박힌 예수를 하느님으로 보는 것보다 창조주이신 하느님을 상상하는 것이 훨씬 쉽다고도 말한 바 있지요. 그녀가 보기에 십자가는 창조주 하느님과 십자가에 달린 하느님 사이의 무한한 거리를 가리키는 상징이었습니다. 아마도, 그녀는 십자가라는 끔찍한 현실과 우리 사이에 일정한 거리를 두지 않으면 혼란스러움을 느낄 수밖에 없다고 생각한 것 같습니다. 달리 생각하면, 배유의 말은 십자가에 못 박힌 하느님에 대해 온전히 말하기 위해서는 버림받음과 소외에 관한 심오한 신학이 필요하며, 이를 표현하려면 반드시 역설적이며, 대담하고, 위험천만한 언어가 있어야 한다는 사실을 알려 줍니다. 분명, 하느님의 아들이 고대 세계에서 가장 발전한 문명에 의해 십자가에 못 박혀 죽음을 맞이한다면, 이는 세상을 구원하는 수긍할 만한, 이치에 맞는 방법이 아닌 것 같습니다. 예수가 자신의 죽음을 직감한 뒤 십자가에 달려 죽음을 맞이할 때까지 우리 눈에 이해할 만한 부분은 겟세마네에서 기도를 드리는 장면밖에는 없어 보입니다. 그 정도로 이 이야기는 터무니없는 외설 같습니다. 하지만 십자가 사건이 그렇게 보이는 건 불신앙이 아니라, 오히려 우리 중 누구도 이 사건을 온전히 이해하지 못한다는 점, 동시에 강력하고 불가해한 욕망과 사랑에 이끌린다는 점을 정직하게 받아들이는 것입니다.

십자가 사건을 묵상할 때 우리에게 가장 강한 인상을 남기는 부분, 우리를 가장 괴롭히고 혼란스럽게 하는 부분이 바로 이 부분입니다. 십자가 사건은 지극히 황폐한 사건입니다. 그 장면은 어두움, 망가짐, 고뇌와 끔찍함이 뒤얽힌 황량한 장면입니다. 이 황량하기 그지없는 장면 속에, 그리스도께서 벌거벗은 채 매달리셨고, 우주로부터 내쫓겼습니다. 이를 그리스도교에서는 하느님 나라의 유일한 징표, 어둠이 지배하는 밤 가운데 있는 빛의 상징이라고 이야기합니다. 하지만 우리 눈에 이 사건은 순전한 비극, 저주로만 보입니다. 실제로 십자가형은 저주받은 행위였습니다. 당시 사람들은 나무에 매달린 사람은 하느님의 저주 아래 있다고 믿었습니다 (신명 21:23, 갈라 3:13). 그리스 비극에서 저주는 순수한 희생자의 고난을 통해서만 깨집니다. 그리고 초기 그리스도교 작가들은 하느님의 흠 없고 순전한 어린 양인 예수께서 우리의 죄를 짊어지고 십자가에 매달리셨다고, 우리를 위해 스스로 죄가 되셨다고 이야기했습니다. 이러한 증언은 심오하고, 또 혼란스럽습니다. 이 신비를 우리는 쉬이 받아들이지 못합니다. 그렇기에 설교를 듣는 중이든, 기도하면서든, 개인의 노력을 통해서든 십자가를 만나는 건 깊은 어둠으로 들어가는 것이며 내면의 고통이 따르기 마련입니다.

십자가는 궁극의 어둠입니다. 그러나 복음이 중언하는 바에 따르면 이 어둠은 순전한 비극이 아닙니다. 복음서가 그린 예수는 운명에 사로잡힌 비극 속 인물이 아니라 두려움에 떨면서도 신뢰하는 인물, 용기와 확신을 지닌 채 죽음을 향해 나아가는 인물입니다. 선한 목자인 그는 자유로운 의지로 자신의 생명을 내려놓습니다. 그는 완전한 자유 가운데, 그리고 그에 따르는 결과를 온전히 의식한 채 어둠으로 들어갑니다.

성주간 동안 전통적인 교회에서는 예레미야 애가를 읽곤 합니다. 밤과 같은 시간을 보내며 느끼는 고독과 황량함, 쓰라림에 나오는 눈물, 유배와 고통, 고난과 깊은 슬픔을 노래하지요.

> 길 가는 모든 나그네들이여, 이 일이 그대들과는 관계가 없는가? ... 이 슬픔, 내가 겪은 이러한 슬픔이, 어디에 또 있단 말인가! (애가 1:12)

죽음에 다가갈수록 예수는 고통스러워했고, 동요했으며(마르 14:33), 겟세마네에서 고뇌에 찬 기도를 드렸고(히브 5:7), 십자가에서는 자신이 버림받았다 느꼈으며(마르 15:34, 시편 22:2), 큰 소리를 질렀습니다(마르 15:37). 십자가에서의 마지막 순간에 독자들의 뇌리에 깊은 인상을 남기는 두 장면이 있습니다. 하나는 그가 죽음을 맞이하며 큰 소리를 지른 장면이고, 또 다른 하나는 마지막 숨('루아흐'ㄲㄲ(영))을 거둘 때 성전 휘장이 위에서 아래까지 두 폭으로 찢어지는 장면이지요(마르 15:38). 출애굽이 있기 전 이집트 땅(출애 10:21)에서 그랬던 것처럼 골고다는 짙은 어둠에 휩싸였습니다. 출애굽 당시 이집트 땅에서 처음 난 것이 모두 죽어 "큰 곡성"(출애 11:6)이 일어났듯 예수는 홀로 비참함 가운데서 크게 울부짖었습니다.

시몬 베유는 십자가 현장의 외적 어둠을 넘어 십자가에서의 죽음으로 인한 내적 위기까지 나아갑니다. 앞서 언급했듯 그녀는 십자가를 창조주 하느님과 십자가에 달리신 하느님 사이의 무한한 거리를 가리키는 상징으로 보았습니다. 십자가라는 어둠은 끔찍합니다. 하느님을 둘로 찢어놓기 때문입니다. 인간과 하느님 사이의 무한한 거리가 하느님 안에서, 창조주 하느님과 십자가에 달린 하느님 사이의 거리로 드러납니다. 이것이 십자가의 가장 깊은 의미입니다. 누구도 이 날 밤의 공포와 절망스러운 고립을 가벼이 여겨서는 안 됩니다. 누구든 이 어둠에 온전히 들어가면 신앙과 정신 모두가 흔들릴 수밖에 없습니다. 키에르케고어의 말을 빌리면 이 어둠은 '절대자의 밤'입니다.

어두운 신앙의 여정

제자도, 혹은 십자가의 길로도 알려진 그리스도인의 길은 존재의 층위가 한 층위에서 다른 층위로 이행하는 것이라 할 수 있습니다. 보통 이 길을 묘사할 때는 여정journey, 순례pilgrimage, 탐구exploration와 관련된 말들을 쓰며, 종종 어둠과 모호함 같은 심상과 연결 짓기도 합니다. 사순절 다섯 번째 주일에 읽는 구약성서 구절은 보통 한 단계에서 다른 단계로 넘어갈 때 일어나는 고통 및 혼란과 관련이 있습니다. 에제키엘서에서는 무덤이 열리는 것(에제 37:12~14), 예레미야서에서는 새로운 언약(예레 31:31~34), 제2 이사야에서는 광야의 물(이사 43:16~25)에 대해 이야기하고 있지요. 복음서 본문 역시 죽음과 죄로부터의 구원에 대해 이야기합니다. 이날 복음서 본문 중 하나는 예수께서 나사로를 살리신 이야기입니다. 이 나사로는 루가복음서 16장에 나오는 나사로, 큰 고통 끝에 이루어지는 영원한 안식의 상징으로 묘사된 나사로와는 다른 인물입니다. 요한복음서의 나사로는 중요한 인물이며 그와 관련된 이야기가 11장 대부분을 차지하지요. 공관복음에서는 이 이야기를 다루지 않습니다. 요한복음서에 따르면 나사로는 예수의 친구이며, 예수는 그를 사랑했습니다("주님께서 사랑하시는 사람이 앓고 있습니다"(요한 11:3)). 예수가 나사로,

그리고 그의 자매들과 어찌나 가까웠는지, "마리아가 우는 것과, 함께 유대 사람들이 우는 것을 보시고 마음이 비통하여 괴로워" 하셨다고(레이몬드 브라운Raymond Brown의 번역을 빌리면 "몸서리치며 깊은 감정의 소용돌이에 빠지"셨다고) 요한은 기록합니다.

신앙의 여정을 진행하면 진행할수록 감정은 격렬해지며, 깊은 고뇌에 빠지고, 그렇게 한 걸음 더 나아가고, 그럼에도 점점 더 깊은 모호함에 빠지게 됩니다. 갑작스러운 변화의 순간을 맞이하기도 하지요. 신앙의 여정은 본래 그러한 특징을 지니고 있습니다. 16세기의 인물 십자가의 요한John of the Cross이 말했듯, 신앙은 "영혼의 확실하면서도 모호한 습관"입니다. 신앙의 여정 가운데 우리는 끊임없이 새로운 위협과 도전을 마주합니다. 그때마다 개인의 차원에서든, 공동체의 차원에서든 여정은 새로운 단계에 진입하게 되지요. 아우슈비츠와 히로시마를 마주해 우리는 새로운 단계에 들어섰고, 하느님의 어둠에 대한 우리의 이해에 이 사건들을 녹여 내야 합니다. 앨런 에클스턴Alan Ecclestone이 제안했듯, 아우슈비츠는 우리가 그리스도의 십자가 처형에서 배우지 못한 것, 즉 극도로 어두운 공포의 밤을 겪을 때 비로소 우리의 종교적 삶이 정화되고 다시 태어남을, 그러한 면에서 그 밤은 일종의 불이라는 것을 가르쳐 주는지도 모르겠습니다. 앨런 애클스턴과 짐 개리슨Jim Garrison은 아우슈비츠와 히로시마 이후의 하느님 경험에 대해 매우 비슷한 방식으로 이야기합니다. 둘 다 어둠과 밤이라는 심상을 끌어들이고 있지요.[1]

산산이 조각난 사람들, 견딜 수 없는 삶, 미쳐버릴 것 같은 삶, 끊임없이 위협받는 삶을 살아가는 이들은 성주간 기이한 방식으로 수난이라는 무서운 신비에 들어가기 시작했을 것입니다. 외부에서는 이를 볼 수도 없고 이해할 수도 없습니다. 언젠가 찰스 레이븐Charles Raven은 전쟁에 대해 이렇게 이야기한 바 있습니다.

전쟁 속에서 살고 있는 이는 정화될 수 있다. 그러나 전쟁을 지켜보는 사람은 대개 더럽혀진다.

십자가는 구경꾼에게는 추함의 징표이지만, 그 끔찍한 어둠에 참여하는 이들에게는 정화와 치유의 현실입니다. 그리스도를 알고, 그분의 부활의 능력을 깨닫기 위해서는 그분

---

1 Alan Ecclestone, *The Night Sky of the Lord* (London: Darton, Longman & Todd, 1980). Jim Garrison, *The Darkness of God: theology after Hiroshima* (London: SCM Press, 1982).

의 고난에 동참하여, 그분의 죽으심을 본받아야 합니다(필립
3:10). 지성, 감정, 의지가 무너지는 경험은 십자가의 길에서
반드시 필요한 부분입니다. 그리스도의 죽음이라는 신비로
들어갈 때 우리는 "긍정적 해체"positive disintegration라 불리는 경
험, 곧 부서지고, 뒤흔들리고 버림받아 영적 공허를 느끼는
경험을 합니다. 그때 우리는 우리 존재 전체가 해체된 것만
같은 느낌을 받지만, 실제로 해체되는 것은 우리를 둘러싼
방어벽입니다. 이 방어벽이 무너질 때 참된 해방이 시작됩니
다. 그러므로 우리는 십자가를 단순히 외부의 사건, 우리 '밖
에서' 일어난 사건으로 여겨서는 안 됩니다. 우리는 예수의
죽음에 참여해야 하며, 십자가와 연합해야 합니다. 존 던John
Donne은《십자가》The Crosse라는 시에서 노래했습니다.

> 누구도 원망치 않는 십자가가 당신에게 붙어 있게 된다면,
> 당신도 십자가가 된다.

십자가는 단순히 아름다운 상징이 아닙니다. 그저 무심하게
바라보며, 헌신할 수 있는 대상이 아닙니다. 십자가는 우리
를 뒤흔들고, 두려움을 일으킵니다. 그 헤아릴 수 없는 깊이
를 마주해 당혹감을 느끼고 두려워할 때, 그래서 내가 만들

어 낸 경건과 종교심을 넘어서게 될 때 진실로 신앙의 여정
은 시작됩니다. 고뇌하고 망가진 영을 통해서만 우리는 신앙
의 여정을 시작하고, 이어갈 수 있습니다. 성금요일에 들어
선 이들에게 힘을 발휘할 수 있는 유의미하고 유일한 신학은
두려움과 절망을 마주한 신학, 단순히 좌절하거나 희망이 사
라졌다는 느낌이 아니라 키에르케고어가 쓴 의미에서의 실
존에 대한 근본적인 절망을 직면할 줄 아는 신학입니다. 신
학은 열정, 고뇌, 의심을 요구합니다. 그러한 길만이 참된 신
학이라고 할 수 있습니다. 이들을 거치지 않으면 우리는 살
아 계신 하느님과 만나는 것이 아니라 '신'이라는 관념에 매
혹되거나 거기에 관심을 기울일 수밖에 없습니다.

성금요일의 의미를 이해하기 시작한 이들은 크게 두 집단
으로 나뉩니다. 그리고 대다수는 이 두 집단에 일정 부분 걸
쳐 있지요. 첫째 집단은 견딜 수 없는 진실을 마주해 시몬 베
유가 그랬듯 절망으로, 아마도 스스로 목숨을 버리는 길로
나아가는 이들입니다. 그들은 십자가에서 압도하는 어둠, 황
폐함, 무의미, 희망 없는 미래만을 봅니다. 외면과 내면의 죽
음을, 일종의 지옥으로 떨어지는 경험을 하지만, 부활은 일
어나지 않지요. 이와 달리 또 다른 집단은 십자가에서 위안,
기쁨, 환희를 봅니다. 그들은 황망하게 죽음을 맞이한, 벌거

벗은 한 인간에게서 죽음의 힘으로부터 해방된 자신의 참된 상징을 봅니다.

이러한 맥락에서 성금요일에 벌어진 일 중 진정한 비극은 유다의 죽음입니다. 이 죽음이야말로 순전히 비극적이고, 무의미하며, 폭력적이고, 절망적이기 때문입니다. 제가 사목하는 가운데 많은 시간과 열정을 기울였던 이들은 비극적인 죽음을 맞이한 사람들, 아무런 희망도 없는 삶을 살던 사람들이었습니다. 많은 마약 중독자가 절망을 향해 나아가며 하는 경험들을 생각해 봅시다. 지금은 마약을 끊은 한 젊은 여성은 성금요일에 자신의 묵상을 기록했습니다.

구름 같은 인파가 한데 모여 기도하며, 짙은 눈썹을 찡그린 채 한 세대를 휩쓴 아픔과 구부러져 통곡하는 수많은 지팡이의 아픔을 생각할 때, 물질적으로, 또한 허물을 벗을 수 있도록 도울 방법은 무엇인가. 심리학 책과 녹색과 꿀빛 도는 갈색의 병들에 이르기까지, 모든 것이 끝없는 바다로 … 너울거리는 물결에 떠내려간다… 우리 둘 사이에 해결되지 않은 말들에 관해 생각해 보자면, 어떤 꿈은 물방울을 잔뜩 머금은 채 갈망하듯 기울어 있는 검은 구름 기둥 아래 어딘가에서 시작되어, 다른 것들이 다 그러하듯 죽음이라는 무심한 사랑의 바늘이 흐느끼는 곡조를 향하여 쇠퇴한다. …
제자들은 어떤 죽음이 새로운 탄생을 향하는 것에 애가를
부르고, 이제 그들은 모두 가버리고 없다.

그녀는 계속해서 말했습니다.

그 "사람"은 오래전부터 포도주에 절어 있으며, 마약 중독자
들에게나 인정받았으며, 마리화나에 행복해했으며, 헤로인
에 솔깃했으며, 코카인에 매달려 있었으며, 전화에 병적으
로 집착한 그는 마지막 모르핀 주사 한 대를 들고 영안실에
들어갔으며, 흙에서 일어난 그는 끝내 삭막하고 기분 나쁜
무덤으로 들어갔다.

이렇게 희망을 잃어버린 경험을 하지 않았다면, 우리는 성금
요일을 온전히 이해했다고 볼 수 없습니다. 절망을 아는 사
람만이 승리를 경험할 수 있습니다. 죽음을 경험한 사람만이
부활을 이해할 수 있습니다. 모든 그리스도인은 예수의 죽음
을 향해 나아가 어둠을 마주하고, 또 이를 경험해야만 합니
다. 이 어둠을 마주했을 때 경험할 수 있는 최악의 경험은 회
복되지 못할 수도 있다는, 우리 중 누군가는 구원받을 수 없

을지도 모른다는 두려움, 원죄의 수렁에서 벗어날 수 없을지도 모른다는 두려움에 빠지는 것입니다. 하지만 그때 우리는 신뢰와 확신 가운데 어둠을 마주해야 합니다. 신앙과 희망의 핵심은 바로 이 어둠으로 들어가는 것입니다. 그리스도인이 된다는 것은 어두운 밤, 우리는 그 가운데서 길을 잃을 수밖에 없으나 하느님께서 빛나게 하시는 바로 그 밤으로 들어가는 것입니다. 생명의 하느님과 온전히 접속되기 위해서는 부활의 변혁을 거쳐야 하며, 그러기 위해서는 이 밤을 지나야만 합니다.

'영혼의 어두운 밤'이라는 표현을 처음 쓴 사람은 십자가의 요한입니다. 종종 사람들은 그를 기쁨이 가득한 그리스도인의 삶을 우울하고 엄격한 시선으로 보게 만든 병적인 금욕주의자로 평가하곤 합니다. 그러나 그가 진실로 말하고자 했던 것은 어둠이 곧 빛이고 사랑이라는 것이었습니다. 유한하고 타락한 우리에게 보이는 어둠은 기존의 우리에게서 벗어나게 해 주는 하느님의 빛이라는 이야기지요. 어둠이 곧 빛입니다. 어둠을 거친 자만이 우리를 구원하는 사랑과 경이로운 은총의 능력을 깨달을 수 있습니다. 이를 깨닫고 믿음으로 가는 길은 모호합니다. 십자가의 요한의 말을 빌려 말하면, 우리는 밤을 여행하는 이들입니다.

그리스도인의 삶의 핵심 목표는 사람들이 신앙의 어두운 밤을 만나고, 그 속으로 들어가도록 돕는 것이기에 그리스도인들이 드리는 예배 역시 애도와 찬미, 슬픔과 기쁨, 어둠과 영광, 하느님으로부터의 소외, 하느님을 향한 갈망의 표현을 모두 담아 내야 합니다. 종종 교회에서 드리는 예배는 어두운 시간을 겪고 있는 이들에게 불쾌함을 안깁니다. 그들에게 전혀 와닿지 않는, 인위적으로 밝고 유쾌한 느낌을 만들어 내려는 분위기가 예배를 채우고 있기 때문이지요. 참된 예배는 삶의 복잡함을 온전히 담아 내야 하며 그렇게 하려면 평면적인 즐거움만을 일으키려는 유혹에 넘어가서는 안 됩니다. 참된 예배는 십자가와 부활의 변증법, 곧 하느님으로부터 소외되고 멀어진 '나'에 대한 탄식과 부활이 빚어 내는 삶에 대한 기대의 변증법을 드러냅니다. 십자가를 마주할 때, 각자의 삶의 자리에서 우리는 황폐한 골고다를, 하느님께 버림받음을 경험합니다. 이는 명백한 절망이지만 동시에 신뢰로 이루어져 있습니다. 부활의 관점에서 버림받음은 기존의 내가 죽는 것, 기존의 나에게서 벗어나는 것입니다. 그렇기에 우리는 울부짖으며, 동시에 하느님의 놀라운 은총에 경탄합니다. 참된 친교는 애통과 찬미가 융합될 때 시작됩니다. "할렐루야의 시간"에만 살려 하고, 이 세상에 엄연히 존재하는 어둠과 눈물의 골짜기를 외면해서는 안 됩니다. 그리스도교 공동체는 고통에 울부짖을 수 있어야 하며, 함께 애도할 수 있어야 하며, 사랑의 연대 가운데 자신의 아픔과 타인의 아픔을 바라볼 수 있는 능력을 지녀야 합니다. 사막 교부들은 모든 그리스도인의 마음에는 슬픔, 혹은 애통함('펜토스'πένθος)이 있어야 한다고 강조했습니다.

돌봄과 어두운 밤

> 예수께서도 자기의 피로 백성을 거룩하게 하시려고 성문 밖에서 고난을 받으셨습니다. 그러하므로 우리도 진영 밖으로 나가 그에게로 나아가서, 그가 겪으신 치욕을 짊어집시다. (히브 13:12~13)

그리스도께서는 성문 밖에서 죽음을 맞이하셨습니다. 주변인으로 삶을 마감하셨던 것이지요. 고대 도시는 종종 산림을 개간해 만들어졌고 도시 성벽과 숲 사이에는 '리미나'limina라는 경계 지역이 있었습니다. 이 경계 지역, 중간 지대야말로 사목 활동에서 가장 중요한 곳이라 할 수 있습니다.

저는 '성벽 문이 없는 성 보톨프'St Botolph without Aldgate 교회

에서 사목을 하고 있습니다. 여기서 중요한 건 성벽 문이 없다는 것입니다. 실제로 이 교회에는 성벽 문이 없습니다. 주님께서 십자가에 못 박히신 곳에도 성벽 문이 없었습니다. 그리고 많은 사람이 자신이 누구인지, 무엇이 필요한지, 어디로 가야 할지를 발견하는 곳은 문자 그대로의 의미든, 은유든 '정상' 사회의 바깥, 성문 밖일 경우가 많습니다. 그곳에서 사람들은 상실감, 길을 잃어버린 느낌을 경험하지요. 성직자들은 바로 이곳에 가야 합니다. 변두리, 그늘진 곳, 고통과 황폐함이 가득한 곳에서 침묵하고, 그들을 위해 기도하며, 그들과 연대해야 합니다.

성직자는 도시와 어두운 숲 사이, 안정과 광기 사이, 질서와 혼돈 사이의 경계에서 살아가고 행동하는 경계인입니다. 그리고 다른 모든 그리스도인과 마찬가지로 성직자의 본향은 세상 질서와 체제 밖에 있습니다. 모든 그리스도인은 외부인, 거류민, 순례자이기 때문입니다. 그중에서도 성직자는 어둠, 죽음과 밀접하게 연결되어 있습니다. 이 직분은 "그리스도의 죽음과 부활을 내면화하고, 몸에 새기며, 의례를 통해 나누는 직분"이기 때문입니다.[2] 울리히 사이먼Ulrich Simon

---

2 Ulrich Simon, *A Theology of Auschwitz* (London: Victor Gollancz, 1967), 124.

은 아우슈비츠 강제수용소에서 성직자의 중요성에 대해 고민했고, 그 정체성의 핵심을 깨달았습니다.

> 성직자의 이상은 아우슈비츠로 대표되는 세상이 일으키는 허무를 이용하고 이를 전환하는 것이다. 성직자는 헌신을 통해, 그리고 자기희생을 통해 공허와 만난다. ... 사리사욕이 없기 때문에 수용소에서 성직자는 각별하다. 모두가 생존하려는 곳에서 그는 자신의 생명을 나누어 준다. 그는 수용소에 있지만, 동시에 죽음 너머에 있기 때문이다. 그는 수용소의 논리를 따라 수용소에 있는 이들 위에 군림하려 하지 않는다. 그는 십자가의 어둠 속에서 침묵하는 법을 익혔기에 수용소의 어둠에 놀라지도 않는다.[3]

사람들은 점점 더 새롭고 무서운 형태의 어둠과 절망을 경험합니다. 또한, 다양하고 새로운 병으로 인해 죽음에 내몰리는 이들이 많아지고 있습니다. 오늘날 이러한 세상에는 그리스도의 죽음과 부활이라는 심오한 어둠을 이해하고 마주할 수 있는 성직자가 필요합니다. 하지만 안타깝게도 많은 성직

---

3 위의 책, 127.

자, 목회자는 어둠으로부터 사람들을 보호하는 것을 사목 활동의 목표로 삼습니다. 그들은 종교를 일종의 피난처로 제공합니다. 하지만 그리스도교 전통에서 영적 지도의 핵심은 사람들이 거짓 안정에서 벗어나 붕괴를 겪으며, 어두운 밤으로 들어가도록 하는 데 있었습니다. 영적 지도자들은 격변과 혼란을 일으키며 사람들을 인도했지요. 이는 혼돈과 공포에 맞서 안정감과 균형감을 제공하는 전통 종교의 목적 및 실천과는 거리가 멉니다. 최근 몇 년 동안 그리스도교 문화권에서 번성하고 있는 그리스도'교' 역시 이러한 유형에 해당하는 것 같습니다. 내면의 평화, 안정, 따뜻함을 제공하는 데 관심을 기울이되 어떤 전망도, 관점도, 도전도, 새로운 삶을 향한 분투의 필요성도 제시하지 않고 있지요.

다시 한번 강조하지만, 사목, 목회의 핵심 과제는 사람들이 어둠 속으로 들어가도록 돕는 것입니다. 이는 설교만으로는 할 수 없지요. 설교가 절망과 슬픔을 없앨 수는 없습니다. 절망과 슬픔을 다스리려면 기도와 친교, 그리고 개인의 노력이 필요합니다. 하지만 설교를 통해 성직자, 목회자는 공식과 문자를 넘어선 어둠을 가리킬 수 있습니다. 그렇게 우리는 무너져 내려야 합니다. 이 무너짐은 새로운 생명을 향한 전환의 기초를 이루는 데 반드시 일어나야 합니다. 50여 년 전 존 미들턴 머리John Middleton Murry는 교회가 신자들을 올바른 신앙의 길로 인도하는 데 실패하는 이유는 "절망을 알고 있다는 징표가 없기 때문"이라고 말한 바 있습니다.[4]

그리스도께서는 도시의 어둠 가운데, "어두운 거리를 밝히기 위해" 빛으로 우리에게 오셨습니다. 사순절 다섯 번째 토요일 성서정과 본문(에제 37:21~28, 요한 11:45~46)은 모두 '모임'이라는 주제를 담고 있습니다. 하느님께서는 사방에서 당신의 백성을 모으실 것이며 그들은 다시는 "두 나라로 갈라지지 않을 것"입니다(에제 37:21~22).[*] 예수는 민족이 멸망하지 않게 하고 흩어져 있는 하느님의 자녀들을 하나로 모으기 위해서 죽음을 맞이했습니다(요한 11:50~52).

"두 나라"로 갈라진 현실이 너무나 분명해 보이는 상황에서 어떻게 이 복음을 선포할 수 있을까요? 어떻게 하면 두 나라의 멸망을 피하고 "평화의 언약"(에제 37:26)을 회복할 수 있을까요? 그러기 위해서는 십자가의 잠재력을 회복해야만 합

---

4 John Middleton Murry in Malvern 1941 (Longman, 1941), 197.

* 그들에게 말해 주어라. '나 주 하느님이 말한다. 이스라엘 백성이 들어가 살고 있는 그 여러 민족 속에서 내가 그들을 데리고 나오며, 사방에서 그들을 모아다가, 그들의 땅으로 데리고 들어가겠다. 그들의 땅 이스라엘의 산 위에서 내가 그들을 한 백성으로 만들고, 한 임금이 그들을 다스리게 하며 그들이 다시는 두 민족이 되지 않고, 두 나라로 갈라지지 않을 것이다.' (에제 37:21~22)

니다. 십자가만이 장벽을 넘어 사람들을 연합할 수 있게 하고 분열이라는 어둠을 극복할 수 있습니다. 이 십자가의 복음을 선포할 때라야 교회는 모든 하느님의 자녀들을 위한 치유의 원천이 될 수 있습니다.

이 지점에서 우리는 잘못 사용하고 있는 '화해'reconciliation라는 용어를 다시 생각해 보아야 합니다. 앞에서 저는 이 말이 값싸게, 손쉽게, 피상적으로 쓰이고 있다고 지적한 바 있습니다. 신약성서에서 화해와 관련된 명사와 동사는 잘 나오지 않습니다. 마태오복음서 5장 24절을 제외하면 바울의 글에만 등장하지요. 그럼에도 불구하고 '화해'는 매우 중요한 주제입니다. 어두운 밤은 부활이라는 빛의 전주곡입니다. 그 모든 공포 가운데 십자가는 인간 현실의 수렁과 심연을 드러내 보입니다. 그러나 그것이 끝은 아닙니다. 십자가는 해방을 일으키고, 분열을 종식시키며, 수렁을 채웁니다. 십자가가 소외와 어둠을 극복하는 수단이 된다는 사실을 설교하려 할 때 주의 깊게 보아야 할 신약성서 구절이 있습니다. 여기서는 특별히 네 구절을 언급해 보도록 하겠습니다. 먼저 살필 구절은 로마인들에게 보낸 편지 3장 24~26절입니다.

... 사람은, 그리스도 예수 안에서 얻는 구원으로 말미암아,

하느님의 은혜로 값없이 의롭다는 선고를 받습니다. 하느님께서는 이 예수를 속죄 제물로 내주셨습니다. 그것은 그의 피를 믿을 때 유효합니다. 하느님께서 이렇게 하신 것은, 사람들이 이제까지 지은 죄를 너그럽게 보아주심으로써 자기의 의를 나타내시려는 것이었습니다. 하느님께서 오래 참으시다가 지금 이 때에 자기의 의로우심을 나타내신 것은, 하느님은 의로우신 분이라는 것과 예수를 믿는 사람은 누구나 의롭다고 하신다는 것을 보여 주시려는 것입니다.

(로마 3:24~26)

이 구절에서 바울은 피로 속죄 제물을 바치신 예수 그리스도를 통해 하느님께서 주시는 은총의 선물에 대해 이야기합니다. 이때 은총이 주는 자유는 희생의 피를 통해서만 작동합니다. 희생이 조화와 평화에 선행하는 것이지요. 고린토인들에게 보낸 둘째 편지도 마찬가지입니다.

이 모든 것은 하느님에게서 났습니다. 하느님께서는 그리스도를 내세우셔서, 우리를 자기와 화해하게 하시고, 또 우리에게 화해의 직분을 맡겨 주셨습니다. 곧 하느님께서 사람들의 죄과를 따지지 않으시고, 화해의 말씀을 우리에게 맡겨 주심으로써, 세상을 그리스도 안에서 자기와 화해하게 하신 것입니다. 그러므로 우리는 그리스도의 사절입니다. 하느님께서는 우리를 시켜서 여러분에게 권고하십니다. 우리는 그리스도를 대리하여 간청합니다. 여러분은 하느님과 화해하십시오. 하느님께서는 죄를 모르시는 분에게 우리 대신으로 죄를 씌우셨습니다. 그것은 우리가 그리스도 안에서 하느님의 의가 되게 하시려는 것입니다. (2고린 5:18~21)

이 구절에서 바울은 하느님께서 그리스도를 통해 우리와 화해하셨고, 우리에게 화해의 직분(디아코니아)을 맡기셨다고 이야기합니다. 하느님께서는 그리스도 안에서 세상과 화해하시고, 이를 선포하는 임무를 우리에게 맡기셨습니다. 그러므로 화해의 활동은 메시지(로고스)임과 동시에 직분(디아코니아)입니다. 그다음으로 주목해야 할 성서 본문은 골로사이인들에게 보낸 편지 1장입니다.

그 아들은 보이지 않는 하느님의 형상이시요, 모든 피조물보다 먼저 나신 분이십니다. 만물이 그분 안에서 창조되었습니다. 하늘에 있는 것들과 땅에 있는 것들, 보이는 것들과 보이지 않는 것들, 왕권이나 주권이나 권력이나 권세나 할

것 없이, 모든 것이 그분으로 말미암아 창조되었고, 그분을
위하여 창조되었습니다. 그분은 만물보다 먼저 계시고, 만
물은 그분 안에서 존속합니다. 그분은 교회라는 몸의 머리
이십니다. 그는 근원이시며, 죽은 사람들 가운데서 제일 먼
저 살아나신 분이십니다. 이는 그분이 만물 가운데서 으뜸
이 되시기 위함입니다. 하느님께서는 그분의 안에 모든 충
만함을 머무르게 하시기를 기뻐하시고, 그분의 십자가의 피
로 평화를 이루셔서, 그분으로 말미암아 만물을, 곧 땅에 있
는 것들이나 하늘에 있는 것들이나 다, 자기와 기꺼이 화해
시켰습니다. (골로 1:15~20)

이 구절에는 인간뿐만 아니라 만물과 하느님의 화해라는 주
제가 등장합니다. 만물은 그리스도 안에서 태어났습니다.
그분은 만물을 존속시키고 하나 되게 하는 힘입니다. 당신의
충만함이 깃든 그리스도를 통해, 하느님은 십자가의 피로 하
늘과 땅에 있는 만물과 화해하셨습니다. 그러므로 화해는 인
간을 넘어선 문제, 그리고 구조와 관련이 있으며 창조 질서
자체를 아우릅니다. 그다음 주목해야 할 구절은 에페소인들
에게 보낸 편지입니다.

그리스도는 우리의 평화이십니다. 그리스도께서는 유대 사람과 이방 사람이 양쪽으로 갈라져 있는 것을 하나로 만드신 분이십니다. 그분은 유대 사람과 이방 사람 사이를 가르는 담을 자기 몸으로 허무셔서, 원수 된 것을 없애시고, 여러 가지 조문으로 된 계명의 율법을 폐하셨습니다. 그분은 이 둘을 자기 안에서 하나의 새 사람으로 만들어서 평화를 이루시고, 원수 된 것을 십자가로 소멸하시고 이 둘을 한 몸으로 만드셔서, 하느님과 화해시키셨습니다. 그분은 오셔서 멀리 떨어져 있는 여러분에게 평화를 전하셨으며, 가까이 있는 사람들에게도 평화를 전하셨습니다. 이방 사람과 유대 사람 양쪽 모두, 그리스도를 통하여 한 성령 안에서 아버지께 나아가게 되었습니다. (에페 2:14~18)

이 구절에서 그리스도는 몸으로 우리를 하나 되게 하시고, 사람들을 분열시키는 담을 허무시고, 갈라진 이들을 한 몸으로 화해시켜 평화를 이루신 분, 새로운 인류를 창조하신 분으로 묘사됩니다. 그렇기에 십자가에 대한 선포에는 이러한 일치와 평화를 사회에서 이루기 위한 분투가 담겨 있어야 합니다.

십자가의 길에 뿌리를 둔 사목, 목회는 이 본문들을 매우 진지하게, 심각하게 받아들여야 합니다. 사목은 예수가 흘린 피의 능력에 온전히 의지하는, 그의 "피 아래서" 이루어지는 활동이어야 합니다. 사목은 종이 되어 섬기는 섬김이어야 합니다. 그리고 어떠한 상황과 환경에서도, 아무리 어려운 시간과 장소에서도 화해를 선포해야 합니다. 화해를 가로막는 벽이, 화해를 막아서는 세력이 막강해 보일지라도, 어둠이 물러가지 않고 언제까지나 계속될 것처럼 보일지라도 그리스도 안에서, 그분을 통해 모든 이가, 만물이 하나 되리라는 꿈을 굳게 붙들어야 합니다.

어둠과 빛의 하느님

하느님께서는 십자가의 어둠과 황폐함 가운데 당신을 알리셨습니다.

> 너희는, 인자가 높이 들려 올려질 때에야, '내가 곧 나'라는 것과, 또 내가 아무것도 내 마음대로 하지 아니하고 아버지께서 나에게 가르쳐 주신 대로 말한다는 것을 알게 될 것이다. (요한 8:28)

유대교와 그리스도교 전통의 가장 중요한 하느님 이해 중 하나는 우리가 그분을 직접 알 수 없다는 것입니다. 우리가 직접 알 수 있는 건 우상뿐입니다. 우상은 바라볼 수 있고, 대상화할 수 있고, 우리의 통제 아래 둘 수 있습니다. 그렇기에 우상은 길들여진 신, 현상 유지의 신, 자신의 위치를 아는 신, 모든 정부가 곁에 두고 싶어 하는 신입니다.

참된 하느님, 살아 있는 하느님은 불타는 떨기나무의 불길, 시나이산의 구름, 골고다라는 끔찍한 어둠을 통해서만 당신을 알리십니다. 이 어둠 속으로 들어가야만 우리는 하느님과 우리 자신을 알 수 있습니다. 이 어둠 속으로 들어가야만 우리는 이 어둠을 정확히 비추는 빛을 감지할 수 있습니다. 이 어둠으로 나아갈 때, 우리는 안전에서 벗어나 "주님의 밤하늘"로 한 걸음 내디딜 수 있습니다. 어둠에 머물러야만 하느님의 영광으로 빛날 수 있습니다. 거짓 안전을 버려야만 우리는 해방자 그리스도께서 주시는 자유를 누릴 수 있습니다. 십자가는 어둠을 피하려 할 때 우리에게 미래란 없음을 알려 줍니다. 그렇기에 십자가를 선포하는 일은 십자가의 현실과의 깊은 내적 만남으로 이어져야 합니다. 우리의 삶은 십자가에 못 박혀야 합니다. 우리는 하느님께로 향하는 고통의 밤으로 들어가야 합니다. 골고다를 거쳐, 지옥까지 통과하는 이, 그리고 거기에 계셨던 그리스도와 연대하는 이만

이 거짓 자아에 사로잡힌 삶에서 벗어날 수 있습니다. 어둠은 절대적이지 않습니다. 거기가 끝이 아닙니다. 우리가 신비의 중심에 가까워질수록 어둠은 빛으로 바뀝니다. 언젠가 T.S. 엘리엇이 노래했듯 말이지요.

어둠은 빛이 되리라. 고요함은 춤이 되리라.[5]

---

5 T.S. Eliot, *Four Quartets* (London: Faber and Faber, 1970 edition), 28. 『사중주 네 편』(문학과지성사).

VI

우리들의 유월절 양이신 그리스도

우리들의 유월절 양이신

그리스도께서 희생되셨습니다. (1고린 5:7)

전례를 중시하는 교회에서는 성찬 예식에서 다음과 같은
구절을 암송합니다.

거룩하시다. 거룩하시다. 거룩하시도다. 만군의 주 하느님,

하늘과 땅에 가득한 그 영광, 높은 데에 호산나. 주의 이름

으로 오시는 이여, 찬미 받으소서. 높은 데에 호산나.

종려주일(성지주일) 예수가 예루살렘에 입성할 때 군중이 외

쳤던 것과 똑같은 말을 외는 것이 특이하다고도 할 수 있지만, 이는 오히려 이사야서 6장 3절에 나오는, 온 땅에 가득한 만유의 하느님을 경외하는 노래를 상기하는 것이지요.

거룩하시다, 거룩하시다, 거룩하시다. 만군의 주님!
온 땅에 그의 영광이 가득하다.

종려주일이 돌아오면, 교회는 이날부터 시작되는 일주일에 '거룩한' 일주일(성주간)이라는 이름을 붙입니다. 이 한 주 동안 낯섦과 부조리, 혼란스러운 정치, 제자가 되는 길 앞에 놓인 시련의 한복판에서 우리는 '거룩한 것'을 만나게 됩니다. 이처럼 격변하는 세상, 혼란스러운 세상 안에서만 우리는 거룩하신 하느님을 알 수 있습니다. 그리스도교는 십자가를 통해 하느님을 알 수 있다고 주장합니다. 이는 그리스도교의 매우 독특한 주장이지요. 십자가를 통해 우리는 하느님의 생명과 하나가 됩니다. 이러한 맥락에서 십자가는 하느님의 자기 정의self-definition이며, 하느님의 존재라는 신비의 핵심이라고 할 수 있습니다. 십자가는 모든 신앙과 모든 신학의 중심입니다. 그러므로 현실의 비극성에 대한 감각만으로는 십자가를 선포할 수 없습니다. 우리는 승리와 해방에 대한 확신을 담아 십자가를 선포해야 합니다.

복음서의 수난 이야기는 승리하리라는 것을 감지한 채 끔찍한 운명을 향해 나아가는 메시아를 묘사합니다. 마르코복음서를 보십시오.

> 그리고 예수께서는, 인자가 반드시 많은 고난을 받고, 장로들과 대제사장들과 율법학자들에게 배척을 받아, 죽임을 당하고 나서, 사흘 후에 살아나야 한다는 것을 그들에게 가르치기 시작하셨다. (마르 8:31)

여기에는 예수가 반드시 고난을 받고, 배척당하고, 죽임당하고, 다시 살아난다는 확신이 있습니다. 이 확신에 패배주의가 깔린 운명론은 들어설 여지가 없습니다. 같은 복음서에서 예수는 제자들에게 말합니다.

> 내가 진정으로 너희에게 말한다. 여기에 서 있는 사람들 가운데는, 죽기 전에 하나님의 나라가 권능을 떨치며 와 있는 것을 볼 사람들도 있다. (마르 9:1)

고통과 깊이 연관이 있는 '파스카', 곧 유월절이 위대한 승리의 축제라는 주장은 그리스도교가 선포하는 주장 중에서도 최고의 역설이자 가장 어리석은 주장입니다. 그리스도교에서는 승리로서 파스카 성삼일(성금요일, 성토요일, 부활절)을 기념합니다. "우리들의 유월절 양이신 그리스도께서 희생되셨습니다"라는 외침은 승리의 함성입니다(미국 성공회에서는 성찬을 나눌 때마다 이 구호를 외칩니다). 그리스도가 우리의 유월절이라고, 그가 유월절 어린 양이라고 부르는 것은 그 옛날 이집트 탈출이라는 위대한 해방, 그리고 희년의 공동체로 함께하는 삶과 그분을 동일시하는 것입니다. 이러한 맥락에서 그리스도인이 된다는 것은 곧 유월절을 살아가는 것이라고도 할 수 있습니다.

십자가에서의 죽음을 '파스카'라고 부르는 것은 그리스도교가 주장하는 모든 것 중에서도 가장 터무니없고 위험한 주장입니다. 그리스도인들은 이 죽음에서 해방과 구원을 보았다고, 주님께서 우리를 속박하는 죽음의 세력을 정복하셨음을 보았다고 주장합니다. 그들은 눈에 보이는 모든 현상을 거슬러, 죽음이 최후의 말이 아니라고 주장합니다. 이 죽음은 부활과 연결되어 있기 때문입니다. 죽음 없는 부활은 아무 의미가 없습니다.

전통에 충실하게 십자가 복음을 선포하는 것은 곧 십자

가가 승리의 상징임을 선언하는 것입니다. '복음'은 '좋은 소식', '기쁜 소식'을 뜻하며, 그리스도의 활동을 선포하는 것이 곧 기쁜 소식을 알리는 것입니다. 성서는 이를 "그리스도의 복음"(필립 1:27), "하느님의 복음"(로마 1:1, 15:16), "평화의 복음"(에페 6:15) 등 다양한 방식으로 표현합니다. 그리스도인들은 십자가 사건을 승리의 순간으로 여기기에 십자가를 복음으로 여깁니다. 골로사이인들에게 보낸 편지는 이야기합니다.

> (하느님께서는) 모든 통치자들과 권력자들의 무장을 해제시키시고, 그들을 그리스도의 개선 행진에 포로로 내세우셔서, 뭇사람의 구경거리로 삼으셨습니다. (골로 2:15)

요한계시록에서도 십자가를 통한 승리를 인상적으로 묘사합니다.

> 예수 그리스도께서는 우리를 사랑하시며, 자기의 피로 우리의 죄에서 우리를 해방하여 주셨고, 우리로 하여금 나라가 되게 하시어 자기 아버지 하느님을 섬기는 제사장으로 삼아 주셨습니다. (계시 1:5~6)

요한계시록의 저자는 그분을 머리에 많은 관을 쓰고, 피로 물든 옷을 입은 채 흰 말을 타고 있는 모습으로 묘사합니다 (계시 19:11~13 참조).

십자가, 부활에 관한 신약성서의 가르침에서 중요한 점은 그리스도의 승리를 우리의 승리로 여기며, 그리스도 안에서 이루어지는 우리의 연대, 달리 말하면 그리스도에 대한 우리의 참여를 강조한다는 것입니다. 바울은 말합니다.

> 맏물로 바치는 빵 반죽 덩이가 거룩하면 남은 온 덩이도 그러하고, 뿌리가 거룩하면 가지도 그러합니다. (로마 11:6)

> 그리스도께서 우리를 위하여 죽으신 것은, 우리가 깨어 있든지 자고 있든지, 그리스도와 함께 살게 하시려는 것입니다. (1데살 5:10)

인자의 들림

십자가를 선포하며, 우리는 사람들 앞에서 십자가에 못 박힌 예수를 생명의 징표이자 원천으로 들어 올립니다. "인자가 들리다"라는 표현은 요한복음서 특유의 표현으로 이 복음서에 세 번 등장합니다. 첫 번째 구절은 예수가 니고데모와 대화를 나눌 때 등장합니다. 이때 그는 예언합니다.

> 모세가 광야에서 뱀을 든 것 같이, 인자도 들려야 한다. 그
> 것은 그를 믿는 사람마다 영생을 얻게 하려는 것이다. (요한
> 3:14)

여기서 예수는 자신을 민수기에 나오는 뱀, 치명적인 뱀에
물린 사람들이 바라보면 살아나는 기둥 위에 달린 구리 뱀으
로 묘사합니다(민수 21:4~10 참조).
　두 번째 구절은 8장에 등장합니다.

> 그러므로 예수께서 그들에게 말씀하셨다. "너희는, 인자가
> 높이 들려 올려질 때에야, '내가 곧 나'라는 것과, 또 내가 아
> 무것도 내 마음대로 하지 아니하고 아버지께서 나에게 가
> 르쳐 주신 대로 말한다는 것을 알게 될 것이다. 나를 보내신
> 분이 나와 함께 하신다. 그분은 나를 혼자 버려 두지 않으셨
> 다. 그것은, 내가 언제나 아버지께서 기뻐하시는 일을 하기
> 때문이다." (요한 8:28)

여기에 나오는 "내가 곧 나"라는 말을 우리는 하느님의 이름

(나는 스스로 있는 자)에 대한 직접적인 암시로 볼 수도 있습니다. 어떻게 보든 요한이 십자가를 하느님에 대한 통찰과 앎에 연결하고 있다는 것만큼은 분명합니다. 그 순간을 통해서만 사람들은 명확하게 하느님을 알 수 있습니다. 십자가는 그리스도 안에 계시는 하느님께서 당신의 본성을 드러내 보여 주시는 자리입니다.

세 번째 구절은 12장에 나옵니다.

> 예수께서 대답하셨다. "이 소리가 난 것은, 나를 위해서가 아니라 너희를 위해서이다. 지금은 이 세상이 심판을 받을 때이다. 이제는 이 세상의 통치자가 쫓겨날 것이다. 내가 땅에서 들려서 올라갈 때에, 나는 모든 사람을 내게로 이끌어 올 것이다." (요한 12:30~32)

여기서 인자는 악의 세력과의 우주적인 충돌 가운데 들어 올려집니다. 그리고 올라가며 그는 모든 사람을 이끕니다. 그러한 면에서 그가 들어 올려지는 곳은 전투의 현장임과 동시에 연합의 현장이라 할 수 있습니다. 세상과 세상 통치자의 위기를 통해 모든 이가 함께 모이게 될 것이라고 요한은 기록합니다.

요한복음서의 핵심 주제 중 하나는 영광입니다. 예수는 십자가 사건을 영광의 순간, 즉 인자가 영광을 받는 지점으로 보았습니다. 위에서 언급한 요한복음서 12장에서 예수는 말합니다.

> 인자가 영광을 받을 때가 왔다. 내가 진정으로 진정으로 너희에게 말한다. 밀알 하나가 땅에 떨어져서 죽지 않으면 한 알 그대로 있고, 죽으면 열매를 많이 맺는다. (요한 12:23~24)

예수의 죽음은 모든 이를 위한 생명의 원천, 모든 결실의 원천입니다. 요한복음서를 설교하는 설교자는 그리스도의 십자가를 생명과 빛의 원천, 하느님의 영광, 그분의 경이를 드러내는 계시의 정점으로 강조해야 합니다.

성금요일 수난 전례를 드릴 때 교회에서는 요한복음서에 나오는 수난 이야기를 읽습니다. 그다음에는 십자가를 경배하고, 축성하여 보관한 성체로 성찬례를 진행하지요. 이 전례에서 우리는 복음의 말씀을 드높여 읽는 모습, 십자가를 드높이는 모습, 우리를 위한 그분의 몸, 즉 빵을 들어 올리는 모습을 봅니다. 이렇게 그리스도께서는 세 번 들어 올려지십니다. 이 전례는 매우 강력하고 그 자체로 우리에게 많은 것을 말해 주기에 설교가 따로 필요가 없습니다. 전례가 곧 설교이기 때문이지요. 어떤 교회에서는 이 전례를 드리기 전에 몇 시간 동안 묵상을 하며 마음의 준비를 하기도 합니다. 성목요일에 드리는 침묵 기도는 성금요일 전례를 위한 준비 시간으로 쓰일 수 있습니다. 말, 침묵, 상징, 성찬을 통해 하느님께서는 이 세상에 나타나시고, 당신을 보여 주시고, 지금, 여기 우리 가운데 임하십니다. 십자가를 구원의 나무로 드높이는 성금요일 전례 및 이와 관련된 성가들은 십자가가 머금고 있는 치유의 능력을 우리에게 전해 줍니다.

'다른 무엇보다 신실한 십자가' - 십자가의 영광

십자가와 관련된 시각 상징과 표현은 오랜 세월에 걸쳐 변화했습니다. 시간이 흐를수록 고뇌, 피, 상처, 그리스도의 고난에 대한 개인의 묵상에 초점이 맞추어졌지요. 그러나 초기 그리스도교 전통에서 십자가는 다른 무엇보다 승리의 상징이었습니다. 고대의 십자가일수록 그리스도를 승리자, 왕, 영광 가운데 계신 분으로 묘사하고 있지요. 초기 그리스도교 십자가는 주로 '승리자 그리스도'Christus Victor를 묘사했습니다. 그리스도를 악의 세력을 정복한 이로 보는 것, 이것이 곧 속죄에 대한 고전적인 관점이었던 것이지요. 오늘날 많은 십자가 상징도 이런 시기의 십자가로 되돌아가 모든 이를 자신에게로 끌어모으기 위해 위엄 있게 팔을 뻗은 승리자 그리스도의 모습을 담고 있습니다.

성가 역시 오래될수록 십자가에서 그리스도께서 이루신 승리에 초점을 맞추는 경향이 있습니다. 오랜 세월 교회에서는 사순절 마지막 두 주 동안 저녁 기도를 드릴 때 베난티우스 포르투나투스Venantius Fortunatus가 작곡한 성가《왕의 깃발》Vexilla regis을 불렀습니다(오늘날에도 전례를 중시하는 교회에서는 성주간에 이 성가를 부르곤 하지요). 이 성가는 그리스도께서 입으신 상처와 그리스도께서 이루신 정복을 함께 노래합니다. 이 같은 맥락에서 성가 2절에는 이사야서 53장 5절("우리가 그를 찔렀다")과 스가랴서 12장 10절("그들이 찔러 죽인 그를 바라보고서")에서 따온 '찔림'이라는 주제와, 그리스도의 상처에서 생명과 치유의 원천인 교회가 탄생한다는 주제가 함께 등장합니다.

우리를 위해 창에 찔린 깊은 곳,
그의 옆구리에서 생명의 급류가 밀려 왔네.
물과 피가 뒤섞인 고귀한 홍수가 우리를 씻겨 준다네.

이제 노래는 시편 96편 10절("주님이 왕이시라고 만방에 외쳐라")에 기초한, 십자가에서 다스리시는 하느님이라는 주제로 넘어갑니다.

> 오래전 다윗이 노래한 예언에 담긴
> 모든 것이 성취되었다네.
> 만방에 외치네.
> 하느님께서 십자가에서 통치하시고 승리하셨도다.

그리고 노래는 십자가 자체를 구원의 원천으로 언급합니다.

> 오, 아름다운 나무여. 빛의 나무여.
> 왕의 보랏빛을 머금은 나무여.
> 저 거룩한 팔과 다리는
> 승리의 가슴에서 안식을 찾아야 한다네.

성금요일 예배 시 전례를 중시하는 교회에서는 포르투나투스의 또 다른 위대한 성가인 《입을 열어》Pange Lingua를 노래합니다. 이 성가는 9세기부터 성금요일 예식을 할 때 불렸지요. 또한, 이 성가는 성주간 예루살렘을 순례하는 관습을 기록한 가장 오래된 문헌 『에게리아의 순례기』Itinerarium Egeriae(380년경)가 쓰인 시대부터 성금요일 예식의 일부였던 십자가 경배the veneration of the cross와도 관련이 있습니다. 거룩한 십자가를 경배하는 일이 에게리아의 순례기가 쓰였던 시대에는 개인적인 일이었지만, 7세기 혹은 8세기부터는 교회에서 드리는 예식의 일부가 되었습니다. 예식에서는 십자가를 들어 올리며 이를 우리의 생명과 해방의 원천으로 언급합니다.

> 신실한 십자가, 단 하나뿐이며,
> 무엇보다도 고귀한 나무여.
> 잎사귀도 없고, 꽃도 없고, 열매도 없으나
> 이 나무와 견줄 것은 없다네.
> 가장 달콤한 나무, 가장 달콤한 철,
> 가장 달콤한 무게를 당신이 지고 계시네.

이 고대 성가들에서는 모두 십자가의 승리를 강조합니다. 이 노래들에서 십자가는 커다란 기쁨과 찬미를 낳습니다.

> 노래하라. 내 입술로 영광스러운 전투를.

노래하라. 싸움이 끝났음을.

이제 십자가 위에는 승리의 기념물이 있다네.

큰 소리로 승리를 외쳐라.

세상을 구원하신 그리스도께서

희생자로 어떻게 승리를 거두셨는지를 전하라.

십자가의 승리를 기념하는 성찬 기도의 감사 서문도 두 나무, 즉 죽음의 나무와 생명의 나무라는 주제를 이야기합니다.

패배의 나무가 영광의 나무가 되었습니다.

생명이 사라진 곳에 생명이 회복되었습니다.

'아, 나의 백성아 ...'

물론 편협하고 협소한 방식으로 십자가를 다루는 것은 매우 위험합니다. 십자가의 승리를 선포할 때는 늘 이런 위험이 있었습니다. 초기 그리스도교 시기부터 종종 사람들은 십자가 사건을 다루며 반유대주의 성향을 보이곤 했습니다. 아우슈비츠와 홀로코스트라는 끔찍한 사태를 목격하고, 어떤 면에서는 그 사태가 일어나는 데 공모한 우리에게는 그리스도교 전례에서 반유대주의 요소를 제거할 윤리적, 신학적 의무가 있습니다. 홀로코스트는 그리스도교 유럽의 심장부에서 일어났으며, 수백 년 전까지 거슬러 올라가는 유럽 문화와 그리스도교 사상이 정점에 이르렀을 때 벌어졌다는 사실을 부정할 수 없습니다. 아우슈비츠 이후 십자가에 대한 선포는 언제나 그랬듯 깊은 참회와 겸손을 바탕으로 이루어져야 합니다.

성금요일 예식에서 반유대주의 가능성을 품고 있는(때때로 실제로 그렇게 활용된) 요소는 주로 두 부분에 있습니다. 하나는 요한복음서를 읽을 때 등장하는 "유대인"입니다. 그때 우리는 "유대인"을 예수의 적으로 지목된 특정 집단이 아닌 유대인 전체를 뜻한다고 생각할 수 있습니다. 두 번째는 "아, 나의 백성아 …"로 시작되는 책망가입니다. 모라비아 교회의 전례에서 시작된 책망가는 11세기 혹은 12세기에 로마 전례에 들어갔으며, 1474년 로마 미사 경본Missale Romanum에서 최종 형태를 갖추게 되었습니다. 오늘날 미국 성공회 기도서는 반유대주의를 조장할 수 있다는 이유를 들어 책망가를 모두 생략했습니다. 이와 달리 캐나다 성공회의 대안예식서는 인류 전체가 지닌 불신앙과 죄를 고발하는 차원에서 책망가를 수록하되 사려 깊은 방식으로 각색해 놓았지요. 여기서는 책망이 다음과 같이 시작됩니다.

> 아, 나의 백성아, 나의 교회야 …

그다음에는 이러한 내용이 등장합니다.

> 내가 너희를 내가 선택한 이스라엘이라는
> 나무에 접붙였지만,
> 너희는 박해와 대량 학살로 그들을 배신했다.
> 내가 너희를 그들과 내 언약의 공동 상속자로 삼았지만,
> 너희는 그들을 너희 죄의 희생양으로 삼았다.[1]

이슬람교가 성장하고 무슬림 인구가 증가하는 상황에서 그리스도인들은 무기로서의 십자가가 아닌 겸손과 온유함, 사랑의 징표로서의 십자가를 전해야 합니다. 그러한 의미에서 우리는 십자가에 달리신 그리스도의 복음을 전해야 합니다. 그렇게 인류를 향한 하느님의 사랑과 긍휼은 십자가에 가장 분명히 드러남을 증거해야 합니다. 교회는 십자가가 우리 모

---

[1] *Book of Alternative Services of the Anglican Church of Canada* (Toronto, 1985), 314~16.

두에게 가하는 '공격'과 특정 집단 혹은 특정 신앙 전통을 향한 공격을 혼동해서는 안 되며 이를 선포와 전례 가운데 어떻게 증언할 수 있을지 숙고하고, 또 기도해야 합니다.

어둠에서 빛으로 - 성토요일의 신비

우리가 고난주간, 성주간에 있는 금요일을 성금요일이라고 부르는 이유는 십자가라는 부서짐을 통해서만 새로운 인간이 형성되기 때문입니다. 신약성서는 인간이 부서지고 다시 빚어지는 과정이 없다면 하느님을 알 수 없다고 이야기합니다. 하느님께서는 이 재형성의 과정에 당신을 드러내십니다. 그리스도인이 된다는 것은 그리스도의 죽음과 부활이라는 과정에 참여함을 의미합니다. 달리 말하면 그리스도의 죽음과 부활을 통해 그리스도인은 그분과 연대합니다. 이러한 연대는 세례에서(제대로 이루어진다면) 극적으로 드러납니다. 초기 교회에서 세례 후보자는 무덤으로 들어가듯 (죽음을 상징하는) 물속으로 들어갔다가 그리스도와 함께 새로운 생명을 입고 다시 올라왔습니다. 세례는 교회가 그리스도의 죽음과 부활을 기념하는 주요 전례이기에 전통적으로 부활밤(부활절 전날 밤)에 시작해 부활절 이른 아침에 거행합니다.

부활밤 예식은 완전한 어둠 속에서 시작됩니다. 그 와중에 새로운 불이 켜집니다. 부활하신 그리스도를 상징하는 부활초가 어두운 교회 안으로 옮겨집니다. 사제는 부활초에 불을 붙이며 말합니다.

영화롭게 부활하신 그리스도여,
우리 어두운 마음에 빛을 비추소서.

그다음 사제는 부활초를 촛대에 꽂습니다. 이제 교회에는 부활 찬송이 울려 퍼집니다.

이제 기뻐하라. 하늘나라의 모든 천군의 무리와
노래하는 천사들이여,
우리의 전능하신 임금의 승리를 위하여
우렁찬 나팔 소리로 구원을 외쳐라.
이제 기뻐하며 노래하라. 이 세상의 모든 만물이여,
우리의 영원하신 왕께서 어둠을 몰아내셨으니
찬란한 광채로 빛을 발하라.
이제 기뻐하며 즐거워하라. 어머니이신 성교회여,
위대한 빛으로 가득 찬 이 성전에서
거룩한 백성의 우렁찬 찬미 소리를 울려라.

이 신비하고 거룩한 불꽃 앞에 둘러선 이들이여,

이제 전능하신 하느님께 기도하며,

그 은혜를 인하여 이 위대한 빛을 찬양하라.

전례가 진행되는 동안 일련의 성서 본문을 낭독함으로써 교회 구성원들은 구원의 역사를 듣습니다. 부활밤 예식의 핵심은 (부활초를 물에 담갔다 들어 올리는) 세례수 축복과 세례에 있습니다. 이로써 부활절 첫 번째 예배는 정점에 이릅니다. 부활밤 예식은 교회력에서 가장 커다란 예배이며 그리스도인이 된다는 것이 무엇인지를 압축적으로 보여 줍니다. 이 예식에 참여함으로써 그리스도인들은 십자가와 부활의 의미를 몸에 새깁니다. 사순절의 마지막이자 절정인 이때, 슬픔과 애통의 시간은 흥분과 기쁨의 시간으로 변모합니다.

많은 사람은 '연대'solidarity라는 말을 너무 손쉽게, 그리고 어설프게 사용하지만 이 말에는 매우 중요한 신학적 의미가 담겨 있습니다. 세례를 통해 우리가 그리스도와 맺는 관계를 표현하는 말이 바로 이 '연대'이기 때문이지요. 이 말의 뿌리는 '견고하다'는 뜻을 지니고 있으며 그리스도와 친교를 맺은 우리의 본래 상태, 우리의 본래 조건에 대해 이야기해 줍니다. 그리스도께서는 죽고 부활하심으로써, 스스로 부서지고 회복되심으로써 우리와의 친교를 회복하셨습니다. 죽음과 지옥으로 내려감, 어둠과 추위의 세계는 이미 부활을 머금고 있습니다. 참혹한 지옥의 심상은 역설적으로 그분의 죽음과 부활의 일치를 강력하게 표현합니다. 정교회의 성화와 전례는 이를 매우 잘 보여 주고 있지요.

죽음으로 죽음을 짓밟기

부활을 다룬 정교회 성화 하나를 보면, 그리스도께서 왼손에 십자가를 지신 채 발아래 있는 지옥문을 짓밟고 있습니다. 오른손으로는 아담의 손을 잡고 그를 일으켜 세우고 계시지요. 그 오른쪽에는 하와가 서 있고, 그 뒤에는 왕과 예언자를 비롯한 성서 인물들이 서 있습니다. 이런 모습은 베드로의 첫째 편지에서 유래했습니다.

> 그리스도께서도 죄를 사하시려고 단 한 번 죽으셨습니다. 곧 의인이 불의한 사람을 위하여 죽으신 것입니다. 그것은 그가 육으로는 죽임을 당하시고 영으로는 살리심을 받으셔서 여러분을 하나님 앞으로 인도하시려는 것입니다. 그는 영으로, 옥에 있는 영들에게도 가서서 선포하셨습니다. (1베드 3:18~19)

정교회 전례에서는 지옥이 말하는 부분이 있습니다.

오늘 내가 신음하며 운다. 내 힘이 사라졌다.

목자가 십자가에 못 박혔고 아담이 부활했다.

내가 지배하던 이들을 더는 지배할 수 없게 되었다.

내 힘으로 그들을 집어삼켰지만,

이제는 토해 낼 수밖에 없다.

십자가에 못 박힌 이가 무덤을 열었으니,

죽음의 권세는 아무런 소용이 없다.

부활밤 예식에서는 성가를 반복하며 승리를 점점 더 크게 외칩니다. 이윽고 그 외침은 황홀한 기쁨의 차원까지 닿습니다.

그리스도께서 부활하셨네.

죽음으로 죽음을 짓밟으시고,

무덤에 있는 자들에게 생명을 베푸셨다네.

죽음에 대한 이 승리는 무엇을 의미할까요? 언젠가 윌리엄 스트링펠로우William Stringfellow[*]는, 그의 친구 앤서니 타운 Anthony Towne이 죽기 전에 이미 죽음의 속박에서 벗어났다고 이야기한 적이 있습니다. 그는 죽음의 권세가 미칠 수 있는 모든 고통을 겪었고, 그래서 그 고통을 초월했으며, 이제 죽음은 더는 그를 지배하지 못한다고 스트링펠로우는 담담하게, 하지만 확신에 찬 목소리로 이야기합니다. 이렇게 이야기하는 건 결코 쉬운 일이 아닙니다. 죽어가는 이들을 돌볼 때 우리는 그 앞에서 서서히 평화롭게 한 사람의 죽음이라는 사실을 받아들이기도 하지만, 어떤 의미에서 자신을 넘어선 부분이 있음을 감지하고 어떻게든 해보려는 노력을 단념하기도 하지요.

이 같은 맥락에서 파울 외스터라이허Paul Oestreicher는 극좌

---

[*] 윌리엄 스트링펠로우(1928~1985)는 미국의 성공회 평신도 신학자이자 변호사, 사회 운동가다. 하버드 로스쿨에서 법학을 공부한 뒤 변호사가 되어 뉴욕 빈민가에서 흑인들과 라틴계 사람들에게 법률 상담을 했으며 비폭력 저항 운동으로 체포된 이들을 변호했다. 신학을 전문적으로 공부하지는 않았으나 이른 시기부터 그리스도교 운동가로서 인종 차별 철폐 운동, 교회 일치 운동에 적극적으로 참여했으며 1960년대부터는 본격적으로 그리스도교 신앙과 관련된 글을 쓰기 시작해 성공회 평신도 신학자로 명성을 날렸다. 주요 저서로『죽음을 대신해서』Instead of Death,『순종 안에서의 자유』Free in Obedience,『신앙의 단순함』 A Simplicity of Faith,『영성의 정치』Politics of Spirituality 등이 있으며 한국에는 『사적이며 공적인 신앙』(비아)이 소개된 바 있다.

테러조직이었던 바더-마인호프 집단의 리더 울리케 마인호프Ulrike Meinhof와의 만남에서 일종의 영적 포기를 하게 되었다고 고백한 바 있습니다. 그녀는 자신이 살든 죽든 상관하지 않았기 때문이지요. 이러한 단념은 자신이 일종의 구원을 받았다고 그릇되게 '확신'하는 영혼을 마주했을 때 느끼는 공허함에서 나온 것일까요? 아니면 의미를 잃고, 길도 잃은, 본인이 그러하다고 인정조차 하지 않는 죄인을 마주했을 때 느끼는 공허함에서 나온 것일까요? 이는 쉽게 말할 수 없는 깊은 문제입니다.[2]

하지만 교회가 그리스도께서 죽음에 승리를 거두셨다고 선포하는 이유는 이러한 죽음의 현실에 대해 별달리 관심을 기울이지 않아서가 아닙니다. 오히려 그리스도교는 죽음이야말로 우리가 정복해야 할 마지막 적임을 분명히 압니다. 하지만, 바로 그렇기에 그리스도인은 그리스도께서 죽음의 지배를 극복하셨음을 믿습니다. 부활 신앙은 바로 이 확신과 희망에 뿌리를 두고 있습니다. 그리고 이 신앙은 십자가에서 죽음과의 만남을 통해서만 일어납니다.

---

2 Paul Oestreicher, *The Double Cross* (London: Darton, Longman & Todd, 1986), 58.

자신 있게 십자가를 전하라

   성금요일은 슬픈 기억이 아닙니다. 그렇다고 해서 안전한 기억도 아닙니다. 성금요일은 유월절을 기념하는 날이며, 해방을 향해 나아가는 순례자들, 끊임없이 한 발 한 발을 내딛는 이들을 위한 역동 넘치는 축제입니다. 그런 이들, 한 발 한 발을 내딛는 이들만이 유월절을 지킬 수 있습니다.

   무엇보다도 이날은 십자가의 말씀을 권능의 말씀으로 선포하는 날입니다. 바울은 바로 이런 맥락에서 "십자가에 달리신 그리스도"(1고린 1:23)를 선포했습니다. 우리는 이 말씀을 오만하지 않으면서도, 십자가에 달린 이분에게 온 인류의 희망이 있다는 확신을 담아, 자신 있게 선포해야 합니다.

   인간의 타락과 인간의 성취, 재와 영광, 에덴과 새 예루살렘 사이에 십자가가 서 있습니다. 이 둘이 서로 다른 곳이 아님을 우리는 너무나도 잘 알고 있습니다. 죄와 은총, 미움과 사랑, 재와 영광, 에덴과 예루살렘은 우리, 그리고 우리 공동체들의 한가운데를 관통하고 있기 때문입니다. 새로움을 향해 충돌하고, 긴장이 일어나는 바로 그 지점에서 그리스도의 십자가는 우리를 만납니다. 우리가 가장 심하게 부서지는 곳, 망가지는 곳, 우리 존재의 토대들이 흔들리는 곳에서 그리스도의 십자가는 죽음의 세력들을 뒤집어엎는 희망의 상징이 됩니다. 언젠가 존 던은 노래했습니다.

우리는 생각합니다.

낙원과 골고다, 그리스도의 십자가와 아담의 나무는

한 곳에 서 있다고.

보소서, 주님, 제 안에 있는 두 아담을.

첫 번째 아담의 땀이 제 얼굴을 덮었듯

마지막 아담의 피가 제 영혼을 감싸게 하소서.

전복적인 정통을 향하여

데이비드 니콜스David Nicholls는 『신성과 지배』Deity and Domination에서 이런 말을 한 적이 있습니다.

> 저자는 자신이 정한 목적지에 도달할 수 있다는 자신감을 스스로 얻기 위해 글이나 책의 제목에 '향하여'라는 제목을 붙여서는 안 된다.[1]

그가 왜 이런 말을 했는지는 알겠습니다. 하지만 가만히 있는 것보다는 목적지가 불분명하더라도 여정을 시작하는 것

---

[1] David Nicholls, *Deity and Domination* (London: Routledge, 1989), 155.

이 낫다고 저는 생각합니다. 『거울 나라의 앨리스』에 나오는 붉은 여왕이 말했듯 제 자리에 가만히 있으면 자신도 모르게 뒤로 가게 되기 때문이지요. 그리스도교 신앙을 정당화하거나 부정하거나 옹호하거나 짓밟는 것은 이론이 아니라 운동입니다. 1960년대에는 알렉 비들러Alec Vidler*의 『물 깊이를 재어보다』Sundings를 시작으로 『고물에서 내린 닻 네 개』Four Anchors from the Stern, 『날이 밝기를 기도하다』Praying for Daylight, 그리고 에릭 마스칼Eric Mascall**의 독창적인 저서인 『아드리아 해에 떠밀려』Up and Down in Adria와 같은 항해와 관련된 제목의 신학 저서들이 나왔습니다. 위에서 언급한 책들은 모두 사도

---

* 알렉 비들러(1899~1991)는 영국 출신의 성공회 사제이자 신학자다. 케임브리지 대학교 셀윈 칼리지에서 공부하고 웰스 신학교에서 신학을 공부한 뒤 1922년 사제 서품을 받았다. 이후 케임브리지 대학교 킹스 칼리지 학장을 지냈으며 「신학」Theology 편집자로도 오랜 기간 활동했다. 성서학, 교회사와 관련된 다양한 저서를 남겼다. 주요 저서로 『세속의 절망과 그리스도교 신앙』Secular Despair and Christian Faith, 『혁명 시대 속 교회』The Church in an Age of Revolution 등이 있다.

** 에릭 마스칼(1905~1993) 영국 출신의 성공회 사제이자 신학자다. 케임브리지 대학교 펨브로크 칼리지를 거쳐 일리 신학교에서 신학을 공부한 뒤 1933년 사제 서품을 받았다. 이후 링컨 신학교, 옥스퍼드 대학교 크라이스트 처치에서 신학을 가르쳤고 런던 킹스 칼리지에서 역사신학 교수로 활동했다. 당대 성공회-가톨릭 전통을 대표하는 신학자로 평가받으며 신학의 다양한 분야에 관련된 다양한 저서를 남겼다. 주요 저서로 『그리스도, 그리스도인, 그리고 교회』Christ, Christian and the Church, 『그리스도교 세계』The Christian Universe 등이 있다.

행전 27장에 나오는 바울의 난파에서 제목을 따왔지요. 안타 깝게도, 대부분은 물 깊이를 재는 목적이 항해를 돕기 위함 이며, 항해 중에만, 달리 말하면 어딘가로 나아가는 와중에 만, 그렇게 세상을 이해하는 과정 안에서만 물 깊이를 재는 것에 의미가 있음을 망각하고 있습니다.

항해의 은유를 이어 말하면, 저는 신앙은 항해하는 배의 엔진이며, 정통은 경로이고, 영성은 그 움직이는 배와 바다, 바람의 상호작용이라고 믿습니다. 언젠가 아우구스티누스 가 말했듯 우리는 할렐루야를 부르며 계속 걸어가야 합니 다.[2] 가만히 서 있으면 화석이 되어버리기 쉽습니다. 과거에 대한 향수에 잠길 유혹, 뒤를 보려는 유혹을 받는 이들은 롯 의 아내가 맞이한 슬픈 운명을 기억해야 합니다. 정통 신앙 에는 탐험, 순례, 손해와 위험, 그리고 연약해짐이 뒤따릅니 다. 광야로 나아가는 것, 유배당하는 것이라고도 할 수 있겠 지요. 아놀드 웨스커Arnold Wesker의 작품 제목을 빌리면 예루 살렘에 대해 이야기하는 것이라고도 할 수 있습니다. 이 여 정은 전통, 검증된 자원을 필요로 하지만, 그 과정에서 어떤 것은 익히고, 어떤 것은 잊어야 합니다. 그리고 우리는 이 여

---

2 Augustine, *Sermon* 256 (PL 38: 1191~3).

정이 어떻게 끝날지 알 수 없습니다.

오늘날 많은 신자는 정통을 이런 식으로 여기지 않습니다. 교회에서 이루어지는 회의나 토론에 참여해 본 이라면 점점 더 법규화된 언어를 쓰고 있음을 알 것입니다. 최근 한 교구 의회에 참석한 적이 있는데, 의회에서는 성서에 계시된 정통 신앙에 대한 분명한 믿음을 표명하는 결의안을 채택할 것을 위원들에게 요구하더군요. 그 자체로는, 혹은 표면상으로는 반대할 일이 전혀 없는 결의안이었습니다(또한, 의회에서는 이 내용을 좀 더 적절하게 표현한 세례 언약을 재확인했습니다). 하지만 당시 맥락에서 결의안은 단순한 성명서가 아니라 특정 집단을 상대로 쓰일 무기처럼 보였습니다. 언제부터인가 정통은 두려움, 불안, 자신들이 무언가에게 공격받고 있고, 그래서 자신을 방어해야 한다는 심리를 대변하는 말이 되었습니다. 그래서인지 정통에 관해 논의하는 사람들은 대부분 방어적인 태도를 보이곤 하지요. 그들은 정통과 도덕 질서moral order를 혼동하고, 정통을 일종의 연약한 식물처럼 여깁니다. 때로는, 밀려오는 파도에 완강히 맞선 크누트 왕과 같은 존재로 여기기도 하지요. 이런 인상에는 일말의 진실이 있습니다. 그리스도교 역사에서 중요한 자리를 차지하는 아타나시우스Athanasius는 '세상에 맞선 자'contra mundum로 불리기도 했으니까요. 하지만 우리는 그가 역동적이고, 창조적인 선구자이자 과거의 견해들을 종합한 사상가였다는 사실을 잊어서는 안 됩니다. 무언가를 부정하고 반대하는 것만으로는 앞으로 나아갈 수 없습니다. 그런 식으로 전환과 변혁을 이룬 운동은 없습니다. 방어와 반대에만 골몰하는 운동은 쓰라리고, 부정적이며, 퇴행하는 이들을 끌어모은 잔당이 되어 일종의 종교 전체주의 성향을 보이곤 합니다.

점점 더 법규화된 언어의 사용과 교회의 양극화는 전체 교회 전통에 해를 미칠 뿐입니다. 안타깝게도 많은 사람이 전통을 창조적이고 선구적인 사상을 간직하고 있는 것, 포괄적인 전망을 제시하고 예배와 삶의 신학적 균형과 온전함을 유지하도록 도와주는 것으로 보지 않습니다. 파편화되어 있고, 편협하며, 창조성을 결여한 것으로 보지요. 오늘날 교회와 세속 언론을 가리지 않고 '전통주의자'traditionalist라는 말을 매우 '비전통'적인 방식으로 사용하는 모습만 봐도 이를 알 수 있습니다. 사람들은 '전통주의자'를 보통 풍부하고 복잡한 전통에 대해 사실상 무지한 채 수십 년 전 관습에 기이할 정도로 집착하는 이를 의미한다고 여기지요. 최근 저는 사람들이 19세기 로스미니안 수도회 사제 루이지 젠틸리Luigi Gentili가 도입한 성직자 칼라를 전통으로 여기는 모습을 본 적이 있습니다. 하지만 이와 달리 히브리 문헌, 그리스 문헌, 라틴어 문헌에 대해서는 별다른 관심을 기울이지 않지요 (미국 성공회의 유명한 전통주의 신학교 교수진에서 사임한 제 친구가 이에 관한 이야기를 들려주었습니다). 과연 무엇이 전통에 충실한 것인가요?

1910년 출간된 작은 책 『교회사 속 사회주의』Socialism in Church History에서 저자이자 에식스주 탁스테드 지역 교회의 사제였던 콘래드 노엘은 유쾌한 어투로 많은 그리스도인이 교회 질서와 규율과 관련된 문제와 관련해서는 교부들의 논의를 중시하고 인용하나, 사회 정의와 평등이라는 문제와 관련해서는 그들의 가르침을 무시한다고 이야기한 바 있습니다. 특히 그는 이른바 '고교회주의자'들이 "유향을 사용하는 문제, 예복에 관한 문제, 그리고 다양한 교리 문제"와 관련해서만 교부들의 권위를 인정하고 그들의 논의를 가져온다는 사실에 충격을 받았습니다. 노엘은 말했습니다.

> 그들은 자신을 정당화하기 위해 교부들의 논의를 가져오곤 했다. 이제는 모든 면에서 교부들을 본받아야 한다.[3]

---

3 Conrad Noel, *Socialism in Church History* (London: Frank Palmer, 1910), 96. 또한, 다음을 보라. Clive Barrett, *To the Fathers They Shall Go* (London: Jubilee Group,

진실로 전통에 마음을 열면 충격을 받고 놀라워할 수밖에 없습니다.

우리는 정통과 관습, 전통주의traditionalism와 보수주의 conservatism를 구별해야만 합니다. 스탠리 에반스Stanley Evans는 그리스도교는 강력하고 전복적이기에 폭력과 착취를 지향하는 문화는 이를 매우 위험한 세력으로 간주해 끊임없이 길들이고, 물을 주고, 사회에 순응하도록 훈련을 시킨다고 이야기하곤 했습니다. 그렇게 해방하는 정통의 힘은 순응하는 종교에 자리를 내어주게 됩니다. 그러므로 우리는 문화에 대한 저항의 지점, 사회문화의 변방에서 정통을 찾아야 합니다. 이와 관련해 윌리엄 스트링펠로우가 1964년에 쓴 '급진적 참여의 정통'The orthodoxy of radical involvement은 곱씹어 볼 만합니다.[4] 이 글이 이야기하는 바는 그가 글을 썼을 때와 마찬가지로 오늘날에도 여전히 유효합니다.

오늘날 그리스도교 전통에서의 가장 기이한 일탈 중 하나는, 정치 참여는 자유주의의 산물이며 정통 그리스도교에 충실하지 않다는 생각이 그리스도교 신자들 사이에 널리 퍼져

1984).

4 다음 책에 수록되어 있다. William Stringfellow, *Dissenter in a Great Society* (New York: Holt, Rinehart and Winston, 1964).

있다는 것입니다. 이와 관련해 우리는 위대한 성공회 사회 사상가인 모리스 레킷Maurice Reckitt이 1935년에 한 말을 떠올려 봐야 합니다.

당신이 12세기부터 16세기까지 어떤 전형적인 그리스도교 사상가에게 신앙은 경제와 아무런 관련이 없으며, 주교에게 신자들의 살림살이와 관련된 문제에 어떠한 간섭도 해서는 안 된다고 말한다면(오늘날 사람들에게 이는 당연한 견해로 보인다), 그들은 소스라치게 놀라거나 그렇게 말하는 이의 저의에 의구심을 품었을 것이다. 한마디로, 그들은 당신을 이단자나 미치광이로 여겼을 것이다.[5]

물론 살아 있는 정통과 고루하기 그지없는 관습을 구분해야 하듯, 전통주의와 순응주의, 혹은 보수주의를 구분해야 하듯 우리는 근본주의와 자유주의(혹은 진보주의)라는 구분을 넘어서야 합니다. 자유주의는 긍정할 만한 성과도 냈지만, 개인주의에 대한 완강한 고집, '체제 내'에서의 점진적 개혁에 대한 낙관, 신학적 토대의 불충분함, 혹은 부실함이라는 점에

---

5 Maurice Reckitt, *Religion and Social Purpose* (London: SPCK, 1935), p. 12.

서 결함이 있습니다. 근본주의는 '근본'에 관심을 기울인다
는 점에서 긍정할 만한 부분이 있지만, 폐쇄성, 그리스도교
신앙과 기존의 종교 관습을 동일시하는 접근 방식, 완고한
신학이라는 점에서 결함이 있지요. 여기에는 창조성도, 어
둠도, 탐험을 위한 여지도, 여백도 없습니다. 이 문제는 비단
그리스도교만의 문제가 아닙니다. 힌두교 배경을 가진 정치
학자 비쿠 파레크Bhikhu Parekh는 많은 종교인의 삶이 "거룩한
본문(에 대한 완고한 집착)과 도덕의 공백"으로 양극화되어 있
다고 주장했습니다.[6] 근본주의 성향의 종교인들은 자신들의
뿌리가 되는 경전을 문자 그대로 고수해야만 도덕의 붕괴와
공백을 피할 수 있다고 믿습니다. 그렇다면 저 양극 사이에
중간 길은 없는 것일까요?

이쯤에서 "끝없이 많은 책을 만드는" 포스트모더니즘의
문제에 대해 잠시 짚고 넘어가겠습니다. 어떤 이들은 모든
것이 알려진 모더니티에서 포스트 모더니티로의 전환의 특
징을 의심, 무질서, 파편화로, 장 보드리야르Jean Baudrillard의
말을 빌리면 우리가 할 수 있는 일은 그저 "파편들을 가지고
노는 게 전부"가 되어 버린 것으로 봅니다. 프레데릭 제임슨

---

6 Bhikhu Parekh, 'Between holy text and moral void', *New Statesman and Society*, 24th March 1989, 29~33.

Fredric Jameson은 포스트모더니즘을 후기 자본주의, 다국적 자본주의, 대중 매체, 정보 기술이 만들어 낸 상부구조로 보는 견해를 제시하며 탈중심적이고 정신분열적이라고 비판하지요.[7] 물론 양자 이론이 지식의 고정성과 경직성을 거부하고 현실의 불확실하고 모호한 특성을 받아들이듯이, 종교 전통에서도 다른 종교 전통, 혹은 탐구 공동체와 함께 대화를 주고받으며 또 다른 목소리를 낼 수 있는 새롭고 희망 어린 분위기를 빚어 낼 수 있다고 보는 이들도 있습니다. 이를테면 산드라 슈나이더스Sandra Schneiders는 모더니즘의 몰락과 함께 역사 비평을 중심으로 하는 자유주의 시대는 막을 내렸으며 이제 본문과 사람 사이의 대화가 시작될 수 있다고 이야기하지요. 그녀는 성서에 관해 몇 가지 의문이 있지만, 분위기는 대체로 희망적이라고 주장합니다.[8]

적어도 오늘날 상황을 근대 자유주의 모형으로는 온전히 이해할 수 없다는 건 분명해 보입니다. 그 모형은 이제 구시대의 모형입니다. 이와 관련해 리처드 뉴하우스Richard Neuhaus

---

7 Fredric Jameson, *Postmodernism or the Cultural Logic of Late Capitalism* (London: Verso, 1991).

8 Sandra M. Schneiders, *Postmodern Theology* (San Francisco: Harper and Row, 1989), 56~73.

200 | 우리는 십자가에 달리신 그리스도를 선포한다

는 말합니다.

> 자유주의 이전의 전통주의자들은 교리를 계시된, 따라서 변
> 치 않는 진리를 표현하는 명제라고 가정한다. 이와 달리 자
> 유주의자들은 교리가 보편적이고 변치 않는 종교 경험을 표
> 현한 상징이라고 가정한다. 그리고 후기자유주의자들은 교
> 리가 본질적으로 특정 종교 전통의 문법을 반영하는 '규칙'
> 이라는 관점을 선호한다.[9]

많은 사람은 포스트모더니즘 시대의 가장 큰 특징으로 "거대
서사의 붕괴"를 꼽습니다. 이는 그리스도교뿐만 아니라 마
르크스주의, 사회주의, 모든 종교, 이념, 세계관에 커다란 이
의를 제기하는 현상이지요. 그렇다면 이런 시대에 정통은 가
능할까요? 아니면 포스트모던이라는 유동성과 분열을 특징
으로 하는 시대에 모든 정통은 그저 붕괴되고 마는 것일까
요? 이 질문에 저는 정통을 바라보는 두 가지 관점이 있다고
제안하려 합니다(로완 윌리엄스의 글에 나오는 몇 가지 생각을 인용

---

[9] R.J. Neuhaus, *The Catholic Moment: the paradox of the church in the postmodern world* (San Francisco: Harper and Row, 1987), 151.

하도록 하겠습니다).[10]

첫 번째 관점은 정통을 폐쇄적인 체계, 완결되어 있고, 빈틈 또한 없으며, 총체적이고 완전하며 포괄적인 이념으로 보는 것입니다. 이 관점에 따르면 정통은 우리를 붙잡아 자신의 틀에 맞춰 다시 찍어냅니다. 정통은 우리의 생각을 억누르고 인식을 왜곡합니다. 여기서 참된 대화는 불가능하며 자기 성찰의 여지 또한 없습니다. 이와 같은 정치 체제로는 전체주의 국가를 들 수 있을 것입니다. 정통을 이렇게 보는 관점은 우리에게 그리 낯설지 않습니다. 이미 잘 알고 있지요.

두 번째 관점은 정통을 공통의 언어와 상징의 전통, 계시와 담론이 살아 있는 공동체에 비판적으로 참여할 수 있게 해 주는 전통으로 보는 관점입니다. 어떤 면에서는 정통을 이런 식으로 볼 때만 우리는 공동체에 비판적으로 참여할 수 있습니다. 전통은 정적이지 않으며 역동적입니다. 전통의 목적은 우리를 억압하는 것이 아니라 해방하는 데 있습니다. 정통은 목적이 아니라 도구입니다. 정통은 오늘날 우리 주변을 감싸고 있는 사상과 개념들로 이루어진 풍경 너머 그 원천이 되는 사건들과 문서에 우리가 주목할 수 있게 해 줍니

10 Rowan Williams, 'What is Catholic orthodoxy?', *Essays Catholic and Radical* (London: Bowerdean Press, 1983), 11~25.

다. 그렇게 현재까지 받아들여진 전통과 현대에 밝혀진 통찰, 오늘날 사람들의 경험, 분투 사이에는 끊임없는 대화가, 비판적 만남이 일어납니다. 달리 말하면, 둘은 변증법적 관계를 이루고 있으며 이러한 만남을 통해 중요한 변화와 갱신이 일어납니다.

1987년 풀턴 강연에서 런던 교구의 주교 그레이엄 레너드Graham Leonard는 현대 그리스도교가 처한 상황을 바라보는 한 가지 접근법을 제시한 바 있습니다.[11] 여기서 레너드는 신앙은 시대에 따라 구성되고 수정되며 때때로 시대정신에 맞게 변화한다고 주장하는 상대주의, 주관주의 진영과 신앙은 한 번에, 완전히 계시된 것으로서 수정이나 변경이 불가능하다고 보는 전통주의 진영으로 나눈 바 있습니다. 꽤 많은 사람이 이러한 구분을 받아들이고 있지요. 하지만 이러한 구분은 상황을 희화화하고, 협소하게 보게 할 뿐 아니라, 대안에 대한 선택의 폭 역시 좁게 만들 뿐입니다. 실제 현실에서 아무 것도 계시되지 않았다고 주장하는 그리스도교인은 없으며, 반대로 아무것도, 문자 그대로 아무것도 수정해서는 안 된다고 이야기하는 그리스도교인도 없습니다(전통주의자를 자처하

---

11   *Church Times*, 25th September 1987.

는 레너드 주교 역시 마찬가지입니다). 많은 전통주의자가 너무나도 쉽게 당대를 지배하는 문화에 순응합니다. 그래서 사람들이 정통주의와 전통주의를 보수주의와 무비판적으로 관습을 따르는 것과 동일시하는 것이지요.

우리에게는 상대주의와 계시, 자유주의와 근본주의라는 양자 중 하나만을 선택해야 하는 길이 있지 않습니다. 비판적이고 전복적인 질문과 저항의 운동을 낳으면서도 오래된 것과 새로운 것 사이의 지속적인 만남을 이어 가는 창조적 정통의 길이 있습니다.

정통을 이렇게 받아들이고 또 행한다면 정통주의자, 혹은 전통주의자는 완고하지 않고 포용하며, 두려워하지 않고 위험을 감내할 것입니다. 그는 단순한 것이 아닌 모호함과 역설에 뿌리를 내리고 있을 것입니다. 2세기에는 이레네우스Irenaeus가, 20세기에는 G. K. 체스터턴G. K. Chesterton이 지적했듯 역설과 모호함을 거부하는 것이야말로 이단자들의 가장 큰 특징입니다. 이단은 일차원적이고, 편협하며, 단순하고, 지루합니다. 이단은 직선적인 사고를 하며 진리의 다면성many-sidedness보다는 가짜 명료함을 선호하고, 현실의 혼란스러움과 복잡성을 직시하기보다는 어떻게든 자신의 틀에 욱여넣으려 합니다. 이와 달리 정통은 알지 못함, 하느님이라는 신비, 헤아릴 수 없음에 뿌리를 두고 있습니다. 그러한 면에서 정교회의 부정 신학 전통의 핵심 개념인 '아그노시아'*ἀγνωσία*와 관련이 있는 영단어 '애그노스틱'agnostic이 불가지론자, 상대주의자, 확신이 없거나 믿음이 없다는 뜻이 된 건 아이러니한 일입니다. 그러나 본래 이 말은 정교회 전통의 핵심어입니다. 실재를 완전히 파악할 수 있다고 믿고 이를 명확한 개념으로 표현하려는 이단자들에게 맞서 정통 신학은 신비의 핵심을, 즉 신앙의 중심에는 어둠이 있음을 지적했습니다. 카파도키아 교부들은 오랫동안 하느님의 본성에 대해 우리가 얼마나 알고 있는지, 또 얼마나 말할 수 있는지를 고민했습니다. '과연 우리는 하느님을 직접 알 수 있는가?' '하느님에게 이름을 지어줄 수 있는가?' 그들은 하느님께서 당신의 본질이 아닌, 당신의 권능과 세상에서의 활동을 통해 당신을 알리신다고 결론 내렸습니다. 다마스쿠스의 요한John of Damascus과 같은 이는 하느님은 우리가 일반적으로 사용하는 의미에서 '존재'exist하지 않으신다고 이야기했습니다. 사물들만 '존재'하고, 하느님은 사물이 아니기에 '존재'라는 말을 그분에게 적용할 수 없다고 본 것입니다. 전통에 따르면 우리는 우리의 '모름'을 통해, '아그노시아'를 통해 그분을 알 수 있습니다.

제가 이 이야기를 하는 이유는 과거의 정통 사상가들이 이단으로 여겼던 것, 즉 모든 것을 잘라내 삭막하고, 명확하고, 정확하게 만들려는 욕망, 모순과 역설과 모호함을 제거하려는 욕망, 부분을 전체로 착각하는 욕망과 거기에 바탕을 두고 일어나는 행동들을 오늘날 사람들은 정통으로, 혹은 전통으로 오인하고 있기 때문입니다. 하지만 어떤 이는 정통의 핵심은 명백한 모순, 역설과 모호함을 엮어내는 데 있다고 이야기합니다. 대표적으로 에릭 마스칼은 저서 『중간의 길』 Via Media에서 정통이란 초월과 내재, 신성과 인성, 무정념과 열정 등 해소되지 않고 모순되는 진리를 한데 엮으려는 시도라고 말한 바 있지요.[12]

이단은 모순을 해결하기 위해 이쪽, 혹은 저쪽을 버리려 했습니다. 반면 정통은 상반되는 요소들의 긴장을 유지하고, 한계를 정해 추가 논의, 해명, 확장, 수정 및 대화를 가능하게 했지요. 그리스도의 본성에 관한 논쟁을 종결하지 않고 성찰과 사유, 토론의 가능성을 열어 둔 칼케돈 공의회는 그 대표적인 예입니다.

정통에 바탕을 둔 접근의 핵심은 신비와 상징입니다. 상

---

12 E.L.Mascall, *Via Media* (London: Longmans, 1957).

징symbol이라는 말은 "함께 모으다", 혹은 "함께 던진다"를 뜻하는 그리스어에서 유래했습니다. 정통은 신비, 그리고 상징과 분리할 수 없으며 퍼즐이나 문제와는 다릅니다. 퍼즐은 풀기 위해 존재하고, 문제는 적어도 원칙적으로는 해결할 수 있습니다. 그러나 신비에는 해답이 없으며 상징은 개념concept으로 치환될 수 없습니다. 신비는 살아 있고, 상징은 우리를 통째로 집어삼킵니다. 정통은 우리를 집어삼키는 상징을 통해 신비로 들어가는 것입니다.

누군가는 터무니없다고 여길 수도 있겠지만, 저는 오늘날 교회가 잃어버린, 혹은 소홀히 다루거나 잘 활용하지 않는 전통의 자원들에 창조적이고 역동적인 정통을 위한 잠재력이 있다고 믿습니다. 이와 관련해 오래전 체스터턴이 한 이야기를 언급하고자 합니다. 많은 교회는 "얼마나 많이 먹을 수 있는가?"라는 질문에 관심을 집중하지만, "무엇을 먹어야 하는가?"에 관심을 기울여야 한다고 그는 말했지요. 비슷한 맥락에서 근대성에 충실한 그리스도교, 자유주의 그리스도교는 물음을 던질 때 최소주의를 택하는 경향이 있습니다. '얼마나 먹지 않고도 영양실조에 걸리지 않을 수 있을까?'라는 식으로 말이지요. 이와 달리 정통은 이렇게 묻습니다. '앞으로의 거대한 투쟁을 위해서 적절한 양분, 즐거움, 상쾌함,

내적 힘을 얻으려면 어떻게 해야 하는가? 이를 얻을 수 있는
자원은 무엇인가?'

1934년 라인홀드 니버Reinhold Niebuhr는 『한 시대의 종언에
관한 성찰』Reflection on the End of an Era에서 이런 말을 한 적이
있습니다.

근대성과 발맞추어 나가는 자유주의 문화는 혼란 가운데 사
회 체제의 붕괴와 새로운 체제 구축이라는 과제를 마주한
세대에게 적절한 지침과 방향을 제시하지 못한다. 내 생각
에, 적절한 영적 지침은 오늘날 문화에서 이해하는 것보다
더 급진적인 정치 지향과 더 보수적인 종교적 신념을 통해
서만 제시할 수 있다. 정치적 급진주의와 종교에 대한 보다
고전적이고 역사적인 해석을 결합하려는 노력은 현대인들
의 눈에는 기괴하고 변덕스러워 보일 것이다. 아마 정치·
종교적 진보주의자도, 정치적 급진주의자도, 종교적 전통주
의자도 이에 만족하지 못할 것이다. 그렇기에 광범위한 동
의를 끌어낼 수 있으리라는 희망을 품지 않은 채 나는 이러
한 성찰을 제시한다.[13]

---

13 Reinhold Niebuhr, *Reflections on the End of an Era* (New York: Charles Scribners
Sons, 1934), ix-x.

저는 이러한 입장의 필요성과 소수에게만 호소력을 발휘할 것이라는 니버의 견해에 상당 부분 동의합니다. 그러나 정통은 결코 다수의 신조였던 적이 없습니다. 제가 속한 교회라고 해서 크게 다르지 않지요. 다만 교회의 몇몇 특징은 여전히 전통에 충실하면서도 비판적인 정통이 출현할 가능성을 머금고 있다고 봅니다.

첫 번째로는 많은 역사적, 그리고 현재 교회가 풀뿌리 공동체, 즉 소외되고 억압받는 공동체들에 뿌리를 두고 있다는 점입니다. 중산층에 포획되었다는 비판에도 불구하고, 많은 교회는 여전히 평범한 사람들, 가난한 사람들, 하찮은 사람들에게 다가가고 있으며 그들과 교감한 오랜 역사를 지니고 있습니다. 이러한 교회의 능력은 같은 견해를 지닌 사람들만을, 계급이나 직업, 취향이 동일한 사람들만을 끌어들이는 정당, 동호회, 노동조합과는 분명한 대조를 이룹니다. 노동조합 운동, 노동운동을 하는 제 친구는 '평범한' 사람들을 만나기 위해 가끔 교회에 간다고 말했습니다. 영적 쇄신과 사회 정의를 위한 운동은 내가 속한 자리, 구체적으로는 지역에서부터 시작되어야 한다고 저는 믿는데, 그런 면에서 지역 교회는 매우 강력한 힘을 지니고 있습니다. 정통은 소유물이 아니라 운동이기에 나누고 실천할 때만 풍요로워집니다.

두 번째로 주목할 부분은 교회에서 역사적 신앙에 헌신하면서도 새로운 통찰에 대한 열린 태도를 가지려는 움직임이 언제나 있었다는 점입니다. 이는 무의식적이든 의식적이든 교회가, 그리고 신자들이 정통은 닫힌 체계가 아니라 하나의 길이며 여정임을 감지하기 때문이라고 저는 생각합니다. 물론 오늘날에는 미래의 정통에 영향을 미칠 중요하고 커다란 문제가 있습니다. 과연 정통 그리스도교 신학과 영성 전통은 다원주의 사회와 다른 종교와의 만남에서 얻은 통찰을 통합할 수 있을까요? 과연 전통에 충실한 교회는 여성 및 다양한 소수자들(백인의 경우에는 다른 인종)의 통찰, 비평, 기여를 받아들이고 전통에 이를 포함할 수 있을까요? 이 질문에 대한 분명한 답은 아직 아무도 내릴 수 없습니다. 하지만 전통은 이를 희망해도 좋을 요소를 간직하고 있습니다.

세 번째로 주목할 부분은 교회가 '성사적 유물론'sacramental materialism이라는 풍부한 전통을 간직하고 있다는 점입니다. 아주 오래전부터 교회는 물질과 영(혹은 영혼), 혹은 유물론과 영성을 분리하는 경향을 거부해 왔습니다. 8세기 성상 숭배 논쟁 시 다마스쿠스의 요한이 한 이야기는 이를 분명하게 보여 주고 있지요.

나는 물질을 예배하지 않는다. 다만 나는 나를 위해 물질이 되시고 물질 속에 깃드는 것을 받아들이신, 물질을 통해 나를 구원하신 물질의 창조주를 예배한다. 나는 물질을 통해 구원받았기에 그침 없이 물질을 기릴 것이다.[14]

그리스도교에서 성사적 유물론, 영성, 그리고 정의는 하나이며 모두를 놓치지 않아야 한다고 강조한 이들은 성공회에서 가톨릭 부흥을 주장한 급진적인 사회주의자들이었습니다. 그리고 성공회-가톨릭 영성의 중심에는 성찬이 있지요. 예배와 실천을 분리하지 않는 이러한 기풍은 전체 그리스도교의 미래에 중요한 공헌을 할 수 있습니다. 이와 관련해 몇 년 전 어반 T. 홈즈Urban T. Holmes는 말했습니다.

우리는 기도와 사회적 실천, 초월과 내재, 전통과 현실과의 연관성, 정통과 윤리주의, 내용과 과정, 성서와 인간학 중 하나를 택하라는 요구를 받아 왔다. 이제 성공회는 양자가 서로 배타적이라는 의식, 둘 중 하나만 선택하라는 요청을 거부하고 명백한 역설을 끌어안고 살아가야 한다.[15]

---

14 John of Damascus, *On Icons*, 1:16.
15 Urban T. Holmes III, *Realities and Visions: The Church's Mission Today* (New

물론, 저는 그리스도인의 삶과 관련된 이 풍요롭고 중요한 자원을 쉽게 되찾고 활용할 수 있다고 생각하지 않습니다. 이를 위해서는 상당한 노력이 필요합니다. 오늘날 우리는 혼란 가운데 있고, 사기가 떨어져 있으며 양극화된 사회 속에서 살아가고 있습니다. 시시각각 우리는 잘못 설정된 문제들을 놓고 양편으로 갈라집니다. 그리스도교 신학 전통이라는 틀 안에서 위와 같은 창조적이고 선구적인 신학 활동이 실제로 벌어지고 있는지는 장담할 수 없습니다. 실제로 그리스도교계에서 그렇게 하고 있느냐는 물음을 마주할 때, 저는 간디가 서구 문명에 대해 어떻게 생각하냐는 질문을 받았을 때와 같은 느낌을 받습니다. 이 질문에 그는 답했지요. "그건 좋은 생각입니다." 이러한 문제의식을 가지고 진지한 신학적 성찰을 추구해야 한다는 '말'은 좋은 생각입니다. 하지만 어떻게 이를 현실에서 이루어 나갈 수 있을까요? 현실에서 이를 진지하게 이루어 나가기 위해서는 국가와 제도가 암묵적으로 가하는 제약들로부터, 알게 모르게 우리에게 배어든 관습으로부터, 계급의식을 포함해 우리를 포로 상태로 만드는 모든 의식으로부터, 지배 문화에 순응하려는 움직임으

York: Seabury, 1976), 183.

로부터 해방되어야 합니다. 그러한 면에서 우리는 해방의 신학을 추구해야 합니다. 교회가 주류 문화가 내세우는 가치들에 무비판적으로 순응하는 것이야말로 교회에게는 가장 커다란 걸림돌입니다. 그러할 때 교회는 자신의 질서를 잃어버립니다. 저는 오늘날 교회가 인종차별이라는 문제에 적극적으로 맞서지 못하는 이유도 이 때문이라고 생각합니다. 이 사회의 주요 사안들에 대한 우리의 세계관이 성서와 교리라는 뿌리에서 벗어나 있다면, 인종주의에 저항하지 못하는 것은 놀라운 일이 아닙니다. 사회의 전제를 무비판적으로 받아들이면 그 결론에 저항하기 어렵습니다. 저는 전복적 정통을 향한 운동이 역설에 대한 감각의 회복, 대항문화로서의 교회에 대한 감각의 회복과 연결되어 있다고 생각합니다. 이는 지난 20년 동안 개신교 복음주의 전통의 일부 집단과 개인이 강조한 바이기도 합니다. 짐 월리스는 말했습니다.

> 사회에서 혹은 정치 세계에서 이루어진 합의에 대한 의미 있는 대항문화, 저항은 초월성을 경시해서는, 그저 좀 더 세속적인 방향으로 나아가서는 찾을 수 없다. 그러한 실천은 사실상 순응의 또 다른 형태일 뿐이다. 오히려 하느님의 백성이 성서라는 뿌리로 돌아가 계시의 토대 위에 굳건히 설

때만 모든 사회 질서에서 대안 공동체, 예언자적 존재라는 교회의 올바른 역할을 회복할 수 있을 것이다.[16]

월리스는 교회가 신학적 기초와 전통으로 돌아가야 할 뿐만 아니라 지배 문화와도 결별해야 한다고 주장합니다. 이를 위해서는 교회와 신학이 해방되어야겠지요. 그리스도교의 사회사상이 갱신되려면 그러한 해방의 운동이 필요하며, 그러한 운동을 통해 갱신된다면 변화하는 교회 일치 운동에도 중요한 기여를 할 수 있으리라고 저는 믿습니다.

갱신되고, 사회를 고려하며, 비판적인 전통은 공동체 차원에서, 기도의 차원에서 성서를 읽는 것과 관련해, 전례를 갱신하는 것과 관련해, 교회의 실천과 사목 활동과 관련해, 신학과 영성의 성격과 관련해, 그 외 교회의 다양한 요소에 깊이를 가져다줄 것입니다. 물론 실제로 그렇게 되려면 엄격한 지적 활동이 있어야겠지요. 그런 일이 일어날지 장담할 수는 없지만, 미래는 열려 있습니다. 이제 1950년대 그리스도교인으로서 저의 경험을 이야기하고, 중요한 현대 사상가 한 사람의 생각을 살피고 논의를 마무리 짓도록 하겠습니다. 청

---

16 Jim Wallis, *Agenda for Biblical People* (New York: Harper and Row, 1976), 53.

소년 시절 제가 그리스도교 신앙을 진지하게 받아들이는 데 가장 커다란 지적 영향을 미친 이는 알래스데어 매킨타이어 Alasdair MacIntyre라는 젊은 철학자였습니다. 그는 1953년 24세의 나이에 첫 번째 책을 썼지요. 이 책은 "성스러운 것과 세속적인 것"에 관한 성찰로 시작됩니다.

> 성스러운 것과 세속적인 것이 분리되면 의례는 세상을 거룩하게 할 수 없으며 그 자체로 끝이 나 버린다. 마찬가지로 우리의 종교가 우리의 정치와 근본적으로 무관하다면, 우리는 사실상 정치를 하느님의 통치 아래 있지 않은 것으로 여기는 것이다. 성스러운 것과 세속적인 것을 구분하는 것은 하느님의 활동을 아주 협소하게 인정하는 것이다. 그러한 구분을 강조하는 종교는 죽어가는 종교다.[17]

이로부터 거의 30년이 지난 1981년 매킨타이어는 옳고 그름에 대해 어떻게 생각해야 하는지, 도덕 규칙을 어떻게 끌어내고 적용하는지와 관련해 공동체를 논하는 한 책을 펴냈습니다. 이 책 『덕의 상실』After Virtue은 뿌리가 없는 운동인 자유

---

17 Alasdair MacIntyre, *Marxism: an interpretation* (London: SCM Press, 1953), 9~10.

주의, 개인주의에 강력한 공격을 가했습니다. 여기서 매킨타이어는 근대 자유주의자들은 어떤 살아 있는 전통에도 뿌리를 두고 있지 않다고, 그래서 모든 곳에 있는, 그리하여 어떤 곳에도 없는 언어를 쓰려 한다고 이야기합니다. 살아 있는 전통이란 과거의 갈등과 오늘날의 갈등에 연속성이 있음을 의미하며, 새로운 암흑기를 마주한 우리에게는 이 살아 있는 전통의 회복이 중요한 과제로 남아 있다고 그는 지적하지요.

> 야만인들은 이미 우리 곁에 와 있으며 우리는 새로운 성 베네딕투스를 기다리고 있다.[18]

이 책을 둘러싼 복잡한 논의들을 다루지는 않겠습니다. 다만 저는 앞에서 언급한, 매킨타이어의 첫 번째 저서 맨 마지막 쪽에 나오는 내용을 언급하려 합니다. 여기서 그는 그리스도교 공동체들의 재건, 정치와 기도의 재결합, 성사적 유물론에 바탕을 둔, 이를 통해 풍요로워지는 성찬에 대한 새로운 감각, 육신을 입고 오셔서 가난하게 사셨던 분, 그리고 끝내 거부당하고 죽임당하셨던 분에 대한 기억에 입각한 정통의

---

18 Alasdair MacIntyre, *After Virtue* (University of Notre Dame Press and Duckworth, 1981), 245.

회복, 이 정통의 회복을 통한 소외된 이들, 추방된 이들과의 연대의 필요성을 압축적으로 보여 줍니다. 제가 이 글을 통해 말하고자 했던 것도 결국 이것입니다.

정치와 기도 모두에 헌신하는 공동체는 전체 교회의 갱신에 기여할 것이다. 그러한 공동체는 교회 생활의 중심을, 즉 우리가 주리고 목말라하셨던 주님의 몸을 먹는다는 것, 종교 권력과 국가 권력의 결탁으로 인해 성문 밖 십자가에 못 박히신 주님의 피를 우리가 마신다는 것을 새롭게 이해할 수 있게 해 주기 때문이다.[19]

---

19 Alasdair MacIntyre, *Marxism*, 122.

| 케네스 리치 저서 목록 |

- **Drugs for Young People: Their Use and Misuse** (Oxford: Religious Education Press. 1967)

- **Pastoral Care and the Drug Scene** (London: SPCK, 1970)

- **Keep the Faith, Baby: A Close-Up of London's Drop-Outs** (London: SPCK, 1973)

- **Youthquake: The Growth of a Counter-Culture Through Two Decades** (London: Sheldon Press, 1973)

- **A Practical Guide to the Drug Scene** (London: Sheldon Press, 1974)

- **Catholic Theology and Social Change** (London: Jubilee Group. 1976)

- **Contemplation and Resistance: As Seen in the Spirituality of Thomas Merton.** (London: Jubilee Group, 1976)

- **Soul Friend: A Study of Spirituality** (London: Sheldon Press, 1977, London: Darton, Longman and Todd. 1994(2nd))

- **True Prayer: An Introduction to Christian Spirituality** (London: Sheldon Press, 1980) 『마음으로 드리는 기도』(은성)

- **The Social God** (London: Sheldon Press, 1981) 『사회적 하나님』(청림출판)

- **What Everyone Should Know About Drugs: Overcoming Common Problems** (London: Sheldon Press, 1983)

- **True God: An Exploration in Spiritual Theology** (London: Sheldon Press, 1985) 『하나님 체험』(청림출판)

- **Spirituality and Pastoral Care** (London: Sheldon Press, 1986) 『영성과 목회』(한국장로교출판사)

- **Silence and Ministry** (Oxford: SLG Press, 1987)

- **Struggle in Babylon: Racism in the Cities and Churches of Britain** (London: Sheldon

Press, 1988)

- **Care and Conflict: Leaves from a Pastoral Notebook** (London: Darton, Longman and Todd, 1990)

- **The Birth of Monster: The Growth of Racist Legislation Since the 1950s** (London: Runnymede Trust, 1990)

- **The Gospel, The Catholic Church and the World: The Social Theology of Michael Ramsey** (London: Jubilee Group, 1990)

- **The Anglo-Catholic Social Conscience: Two Critical Essays** (London: Jubilee Group, 1991)

- **Subversive Orthodoxy: Traditional Faith and Radical Commitment** (Toronto: Anglican Book Centre, 1992)

- **The Eye of the Storm: Spiritual Resources for the Pursuit of Justice** (London: Darton, Longman and Todd, 1992)

- **We Preach Christ Crucified: The Proclamation of the Cross in a Dark Age** (London: Darton, Longman and Todd, 1994) 『우리는 십자가에 달리신 그리스도를 선포한다』(비아)

- **Politics and the Faith Today: Catholic Social Vision for the 1990s** (London: Dartman, Longman and Todd. 1994)

- **The Sky Is Red: Discerning the Signs of the Times** (London: Darton, Longman and Todd, 1997)

- **Drugs and Pastoral Care** (London: Darton, Longman and Todd, 1998)

- **Through Our Long Exile: Contextual Theology and the Urban Experience.** (London: Darton, Longman and Todd, 2001)

- **Race: Changing Society and the Churches** (London: SPCK. 2005)

- **Doing Theology in Altab Ali Park** (London: Darton, Longman and Todd, 2006)

우리는 십자가에 달리신 그리스도를 선포한다
- 어두운 시대에 십자가를 선포한다는 것의 의미

초판 1쇄 | 2025년 2월 20일

지은이 | 케네스 리치
옮긴이 | 손승우

발행처 | ㈜룩스문디
발행인 | 이민애
편 집 | 민경찬
검 토 | 여운송
제 작 | 김진식 · 김진현
디자인 | 민경찬 · 손승우

출판등록 | 2024년 9월 3일 제301-2024-000093호
주 소 | 서울특별시 중구 세종대로19길 16 1층 001호
주문전화 | 010-3320-2468
이메일 | luxmundi0901@gmail.com(주문 관련)
         viapublisher@gmail.com(편집 관련)

ISBN | 979-11-989272-3-1 (03230)